KB202570

능동적 순종에 빠진 교회

정이철 지음

도서 줄판 디·음

그리스도의 능동적 순종 교리에 대한 논쟁이 한국 장로교회에서 일어난 것은 하나님이 주신 큰 복입니다. 제가 이 논쟁을 한국 교회에 속에서 일으키고 계속 3년 이상 주도하게 된 것은 전혀 사람의 생각이나 지혜가 아닙니다.

이 일의 시작은 예기치 않게 조나단 에드워즈의 신학과 부흥의 비성경적인 점들을 알게 된 것입니다. 청교도들의 신학과 부흥을 대표하는 사람에게 많은 비성경적인 요소가 있는 것을 알고 글로 많은 사람들에게 알렸을 때, 저명한 청교도 신학자들에 의해 종교개혁 교회 속에 더욱 확고하게 자리 잡은 그리스도의 능동적 순종 교리의 허구성에 대해서 연구하게 되었습니다.

이것도 전혀 예상치 못한 사람의 작은 일을 통해 시작되었습니다. 그리고 이제는 적어도 한국의 주요 장로교단들, 예장 합동, 예장 합신, 예장 고신에서 중요한 이슈가 되었습니다.

저는 하나님께서 한국 개혁교회 신학의 심각한 불순물을 정리하시는 일에 쓰임 받은 것으로 매우 행복합니다. 저의 생애가 다 하는 날까지 이와 같은 일로 하나님의 지속적인 쓰임을 받기를 소망합니다.

그리고 저의 사역을 변함없이 지지하고 응원해 주시는 서철원 박사님과 다른 많은 목사님들과 성도님들에게 감사드립니다. 저 혼자의 힘으로는 결코 여기까지 오지 못하고 진즉 쓰러졌거나 타협했을 것입니다.

이 책은 조금 전까지 전혀 저의 계획이나 생각 속에 없었습니다. 미국 미시간에서 17일 오후에 뜨는 비행기를 타고 18일 오후에 인천 공항에 도착하는 일정이 곧 다가왔습니다. 갑자기 그리스도의 능동적 순종 교리에 대한 논쟁과 이슈를 정리하는 책을 떠나기 전에 출간하여 한국 교회에 드려야 하겠다는 생각이 뜨겁게 일어났습니다.

10월 3일 월요일부터 그 생각을 실행에 옮기기 시작했습니다. 김문정 집사님께 교정을 전담해 달라고 부탁하니 흔쾌히 나서 주셨습니다. 저는 결사적으로 본문을 써 내려갔고, 김문정 집사님도 미루지 않고 힘써 교정을 보아 주셨습니다. 그리고 10월 6일 늦은 밤에 이 책의 본문의 대부분의 내용을 마쳤습니다.

하나님이 이 일을 하게 하시고 힘을 주시지 않았다면, 이 일은 결코 가능하지 않았습니다. 이 책을 통해 하나님께서 어떻게 우리를 의롭다 선언하셨는지에 대해 깨닫고 신앙생활이 더 견고하고 풍성해지는 복을 누리는 분이 나온다면, 그것은 전적으로 하나님의 은혜입니다.

이 책을 출간해 주시는 정군효 목사('교회와 이단' 대표)님과 교정을 맡아서 힘을 다해 주신 김문정 집사님, 그리고 후원과 격려를 보내신 모든 성도님들에게 감사드립니다.

2022년 10월 10일 정이철
(바른믿음/바른믿음 컨퍼런스 대표)

하나님의 구원 경륜은 반역한 백성을 돌이켜 다시 자기의 백성으로 삼기로 하심이었습니다. 반역한 백성을 돌이켜 자기 백성 삼으시려면, 그들의 죄를 무효화하고 용서하셔야 합니다. 하나님이 죄를 용서하시려면 그들의 죗값을 갚아야 합니다. 그것이 하나님의 공의의 법입니다.

아담의 후손은 아무도 죗값을 갚을 수 없습니다. 다 범죄자들이기 때문입니다. 죗값을 갚음이 없으면 인류는 다 죗값대로 죽어 멸망하는 것밖에 없습니다. 그러나 하나님은 반역한 인류를 멸망에 이르게 하지 않기로 작정하셨습니다.

창조주이신 로고스 하나님이 자기 창조를 구원하기로 정하셨습니다. 그가 사람의 죗값을 대신 갚기로 하셨습니다. 피 흘리심으로 죗값을 갚으시기로 하셨습니다. 이 일을 위해 아브라함을 부르시고 그 후손들로 한 백성을 이루게 하시고 그 백성을 자기 오심의 통로로 삼으셨습니다.

그리고 이스라엘에 제사 제도를 세우셔서 대신 속죄 제사를 가르치셨습니다. 하나님이 사람을 대신하여 인류의 죗값을 갚으시는 것을 이스라엘로 알게 하셨습니다. 때가 차매 하나님의 아들이 성육신하시어 하나님의 어린양으로 오셔서 대신 속죄를 감당하셨습니다.

그런데 하나님은 범죄한 인류에게 꼭 한 가지를 명하셨습니다. 하나님의 아들, 로고스, 그리스도의 대신 속죄를 믿으라고 하셨습니다. 그리스도의 대신 속죄를 믿기만 하면, 모든 죄를 다 용서하시고, 영원한 생명을 약속하셨습니다.

이것이 복음입니다. 이 복음을 믿으면, 곧 하나님의 아들, 로고스, 예수 그리스도의 대신 속죄를 믿기만 하면 모든 죄를 용서하시고 영생에 이르게 하셨습니다. 이 진리를 믿어 많은 인류가 구원받았습니다. 영생을 받아 누리게 되었습니다.

그런데 신약의 근본 진리를 허는 신학적 사상이 17세기에 개혁신학에 들어왔습니다. 그것은 그리스도가 우리를 위해 대신 피 흘리시는 사역만 하시는 것이 아니라는 것입니다. 그리스도는 피 흘리심으로 죄용서는 가져오고 영생은 가져오지 못했으므로, 율법을 준수하여 의를 획득함으로써 백성들로 영생을 얻도록 해야 했다는 것입니다.

그리스도의 율법준수를 능동적 순종이라고 합니다. 그리스도가 사람들로 영생을 얻도록 율법을 지켜 의를 이룩하셨다는 것입니다. 피 흘리심으로 죄용서를 이룬 것이 의라는 신약의 가르침을 완전히 무시한 것입니다. 이런 주장은 신약 성경에 없습니다. 개혁신학의 아버지 인 칼빈의 가르침에 아무런 자취도 없습니다.

그런데 이런 신학적 전통이 17세기에 시작되었고 전통을 중시해야 한다면서 성경위에 두었습니다. 한국 의 칼빈주의자들이 칼빈이 전혀 가르치지 않은 생소한 가르침을 진리로 주창합니다. 그리스도의 율법준수를 구원의 필수요건으로 주창합니다. 그것을 성경의 가르침 위에 두고 하나님의 지혜보다 더 나은 것으로 여깁니다.

한국 개혁교회는 성경의 가르침에 굳게 매이는 교회 입니다. 비진리를 진리로 주장하는 것은 하나님의 지혜 와 구원 사역을 완전히 박멸하는 것입니다. 우리는 사 람의 의견에 매이면 안 되고 하나님의 말씀에 전적으로 메여야 합니다.

하나님이 율법을 주신 것은 구원의 방편으로 주신 것

이 아닙니다. 사람이 자신을 자기의 힘으로 구원할 수 없다는 것을 알게 하기 위해 주셨습니다. 우리는 사람의 의견에 매이면 안 되고 전적으로 하나님의 말씀에 순종해야 합니다.

하나님의 대신 구속사역만이 우리를 구원하여 영생에 이르게 합니다. 다른 것을 도입하는 것은 그리스도의 대신 속죄 사역을 헐고 결국 인간의 공로를 내세우려는 인간의 오만의 산물입니다.

능동적 순종이 왜 그릇되었는지 정이철 목사께서 간결 명료하게 밝힙니다. 능동적 순종 주창자들은 율법 준수로 그리스도가 자신을 구원하였다고 주장하고 있는 것도 밝힙니다. 정이철 목사의 소책자를 읽으시고 현명한 판단을 내리시므로 한국교회가 그리스도의 대신 속죄사역을 믿음으로만 하나님의 구원에 이르게 해 주시기 부탁드립니다.

2022년 10월 7일 서철원 (전 총신대 조직신학 교수)

신학함의 준거는 성경이라는 것이 종교개혁자들의 대원칙이었다. 그런데 그 직후부터 지금까지 성경적 사고에서 벗어난 신학적 주장을 고의적이든 부지불식간이든 내세우면서 성경의 가르침을 훼손하는 일이 빈번하였다. 이 역기능적 요소를 명민하게 가려보지 않고는 바른믿음을 형성할 수 없다. 이 책은 논의코자 하는 주제에 관해 독자들에게 이런 분별력을 정확히 제공하는데 일조를 톡톡히 할 수 있다고 확신한다. 나의 마음을 다해 추천한다.

2022년 10월 11일 김영우 (전 총신대 총장)

진리를 재발견한 종교개혁의 정신(칭의)이 세월이 흐르면서 계몽운동에 직면하였다. 종교개혁 1세대가 떠난 후 나름 그 정신을 잇기 위해 노력하였으나, 종교개혁 후예들은 봇물 터지듯 일어난 혼합 사상에 대처하기에 바빴다. 그들은 인간 중심적 철학의 이념에 대항하여 아리스토텔레스 철학을 사용하여 답하곤 했다. 결국 17세기의 신학자들은 개신교 스콜라주의로 미끄러지고 말았다. 그들이 언급했던 그리스도의 능동적 수동적 순종이 21세기를 살아가는 한국의 개혁주의 신앙인들 속에서 부활했다. 마치 드라큘라처럼! 이에 맞서고자 정이철 목사는 이 책자를 만들었다. 원고를 읽는 동안 정이철 목사는 외로운 영적 전투를 수행하는 전사처럼 느껴졌다. 부디 한국교회가 17세기 선배들이 범한 과오를 재현하지 않기를 바란다. 이 책이 길잡이가 될 것으로 기대한다.

2022년 10월 12일 라은성 (전 총신대 교수)

한국에 기독교가 들어온지 한 세기 하고도 40여 년이 지났다. 그동안 한국교회에는 비약적인 성장과 더불어 수 많은 신학적인 논쟁들과 유사복음 및 이단들이 발생하기도 하였다. 문제의 중심은 언제나 성경을 어떻게 보느냐는 것이다. 한국교회 속에는 지나치게 율법적인 요소들이 많았던 것이 사실이다. 수년 전부터 불어오기 시작한 그리스도의 능동적 순종 교리가 또 하나의 율법에 대한 신학적 논쟁으로 부상하고 있다.

정이철 목사의 능동적 순종 교리에 대한 변증과 반박의 논리는 기독교 진리 수호의 깃발이 되었다. 시공간을 초월하여 성경이 말씀하고 있는 진리를 왜곡하거나 인간의 사상으로 재단하는 것은 하나님에 대한 도전이며 반역 행위이다. 정이철 목사의 논증으로 더 이상의 소모적 논쟁이 없기를 바라는 마음으로 이 책을 추천하는 바이다. 바울은 말한다. "다른 복음은 없다. 다만 어떤 사람들이 너희를 교란하여 그리스도의 복음을 변하게 하려 함이라… 하늘에서 내려온 천사라도… 다른 복음을 전하면 저주를 받을 것이다"(갈1:7~8).

2022년 10월 13일 이필형 (대신대학교 신학과 교수)

저자의 글은 다소 투박하고 저돌적이다. 그러나 저자의 글은 칼빈이 "궤변론자(스콜라주의)들이 그리스도께서는 자기를 위해 공로를 세우신 것이 있느냐고 묻는 것은 어리석은 호기심을 넘어 무모함"이라는 가르침의 반향이다. 저자의 능동적 순종 교리 비판은 순전히 성경의 가르침에 천착한 결과이다. 저자의 화두가 사변으로 흐르는 개혁신학의 물결을 다시 되돌릴 수 있을 것이라 기대한다.

2022년 10월 13일 박주석
(새언약교회담임, 광신대학교 초빙교수)

예수님께서 율법을 완전히 준수하신 순종으로 의를
얻으셔서 우리에게 전가하셨다는 능동적 순종 교리
(the doctrine of the Obedience of Christ)를 주장하
는 사람들이 있다. 이것은 개혁신학을 추구하는 목회자
들에게 생소한 내용이다. 능동적 순종 교리는 회중파
청교도들의 교리이기 때문이다. 그리스도의 능동적 순
종이라는 용어나 개념을 칼빈이 말한 적이 없고, 웨스
트민스터 신앙고백서에도 나오지 않는다.

'능동적 순종–수동적 순종'이라는 어휘는 웨신서를
거부한 회중파 청교도들이 자신들의 '사보이 선언'
(Savoy Declaration, 1658)을 통해 명확하게 제시한 신
학이다. 사보이 선언은 회중교회의 신앙고백이지 장로
교나 개혁신학이 아니다.

최근 회중파 교리와 정통 종교개혁 신학을 명확하게
구분하지 못하는 신학자들이 이 회중교회에서 본격적
으로 주장한 이 교리를 '개혁신학'이라고 가르치고 있는
것이 문제이다. 이에 국내의 많은 목회자들이 혼란스러
워하고 있다. 이번에 발간한 정이철 목사의 〈능동적 순
종에 빠진 교회〉는 이 교리의 비성경적인 점들을 명쾌

하게 밝혀주고 있다. 신학을 연구하는 목회자들과 신자들에게 큰 도움이 되리라 생각되어 필독서로 추천한다.

2022년 10월 9일 진용식
(안산 상록교회 담임목사, 이단상담협회 소장)

예수께서 "일어나라!" 한마디면 충분할 것을 굳이 '시체의 손을 잡고' 달리다굼 하신 이유는 무엇일까? '사람의 시체를 만진 자는 이레 동안 부정하리니 (민 19:11)' 라는 율법을 잊으셨던 것일까? 아니다. 율법의 의를 그리스도의 몸에 이식하려는 능동적 순종 신학을 정면으로 반박하신 것이다. 능동적 순종 교리에 따르면 그리스도께서도 율법을 따라 시체 때문에 부정해지지만, 신약 성경은 그리스도를 접촉하는 모든 자가 생명을 얻는다고 외친다. 정이철 목사님의 이 비상한 책이 시체에 손대길 두려워하는 능동적 순종 망령으로부터 교회를 구해낼 것이다.

2022년 10월 10일 김문정 (예장 합동 세광교회 집사)

능동적 순종에 빠진 교회

목차

- 1장 -

시작하며

- 1장 -

시작하며

1. 시작하며

최근 수년 동안 필자에 의해 공격적으로 논쟁이 주도되기 전까지 한국 교회에서 이 교리의 심각성에 대해 인지하는 사람은 많지 않았다. 외국에서 공부한 소수의 교수들, 개혁주의 신학을 토론하는 카페, 인터넷 홈페이지 등에서 활동하는 소수의 사람들이 중시하는 것이었다.

합신의 노승수 목사가 운영하는 인터넷 카페에 모여 활동하는 한 사람이 그리스도의 능동적 순종 교리를 믿지 않는 서철원 박사와 정이철 목사를 이단시하는 발언을 했다는 소식을 듣고 정이철 목사가 이 교리에 대해 본격적으로 연구하여 〈바른믿음〉에 지속적으로 기고하기 시작했다. 그래서 점차 이 논쟁이 뜨거워졌고 한국 장로교회 속에서 피할 수 없는 논쟁거리가 되었다.

특히 합신 노승수 목사가 자신의 노회에 그리스도의 능동적 순종 교리를 부정하는 정이철 목사에 대한 신학 조사 건을 헌의하였고, 정이철 목사를 명예훼손으로 세상 법에 고소함으로 더욱 논쟁이 첨예화되었다 (정이철 2019).

이후 그 헌의안을 따라 합신 신학위원회 (2021)가 정이철 목사의 신학에 대한 조사를 진행하였고, 정이철 목사가 그들이 작성한 문서의 내용을 집중적으로 비판함으로써 논쟁은 더욱 심각해졌다.

이 논쟁이 약 3년 동안 지속되는 가운데, 합동은 2021년, 2022년 총회에서 그리스도의 능동적 순종의 교리가 성경에 근거하지 않는다고 두 번 연속 결의하였다 (정이철 2022b). 그리고 더 정확한 연구를 위해 신학부에 관련 자료들을 보내 1년 동안 연구하여 결과를 이대위에 보내도록 한 상태이다.

또한 이 교리를 계속 주장하는 합신의 김병훈 교수에 대해서는 합신 자체적으로 처리하도록 권면하였다. 이후 이 교리를 계속 주장하는 합신의 이승구 교수와 (전) 국제신학교 부총장 김재성 교수에 대한 조사 헌의가 있어 조사가 진행되고 있다.

그리고 2022년 총회에 이 교리를 옹호하는 논문을 발표한 합신의 박상봉 교수 외 4명의 교수들에 대한 이단성 조사 헌의가 접수되어 앞으로 조사가 이루어질 전망이다.

이 논쟁과 직접 관련된 목회자, 교수들이 많은 예장 합신 총회는 인터콥 등에 대해서는 '이단'으로 규정하였으나, 그리스도께서 율법을 지켜 자기 영생을 얻었다면서 이 교리를 주장한 합신 내부의 목회자와 교수에 대해서는 아무런 조치를 취하지 않고 있는 상태이다.

예장 고신은 이 교리에 관한 연구를 고신 교수회에 맡긴 후 지난 2022년 총회에서 그 결과를 보고 받았다. 그러나 그리스도의 능동적 순종 교리에 관한 핵심에서 벗어난 논의, 그리고 그리스도의 능동적 순종이 없었다면 우리가 하나님의 자녀가 되지 못하였을 것이라는 비성경적인 논리를 주장하여 오히려 한국 교회에 혼란을 가중시키는 결과를 초래하였다 (정이철 2022c).

그리스도의 능동적 순종 교리는 성경이 말하는 것이 아니고 유럽의 17세기 개신교 신학자들이 말하여 개혁교회 속으로 전파되었다. 이것은 신학자들의 말을 중심으로 연구하면 오히려 능동적 순종 교리 속으로 함몰되어 허우적거리는 현상이 쉽게 나타날 수 있음을 의미한다.

그러므로 이 교리에 대한 논쟁을 해결하기 위해 우선해야 할 일은 "모든 신학의 근거는 오직 성경이라는 절대 진리"를 기억하고, 과거의 우르시누스, 베자, 바빙크 등의 신학자들의 그리스도의 능동적 순종에 대한 이론을 발견할 때마다 그들이 성경의 어떤 부분을 근거로 삼았는지, 그리고 그들이 근거로 삼은 성경 본문이 전후 문맥에 맞게 바르게 인용되었는지를 확인하는 것이다.

　필자는 한국어를 사용하는 독자라면 누구나 한국에서 쉽게 취득하여 읽을 수 있는 자료들만 사용하면서, 그리고 무엇보다 성경을 절대시하는 연구 자세 안에서 그리스도의 능동적 순종 교리가 비성경적임을 설명하고자 한다.

- 2장 -
논쟁의 핵심 : 칭의의 원리

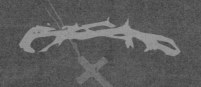

- 2장 -

논쟁의 핵심 : 칭의의 원리

2. 논쟁의 핵심 : 칭의의 원리

이 논쟁은 '그리스도께서 율법에 순종했느냐, 순종하지 않았느냐'에 대한 논쟁이 아니다. 이 교리를 거부하는 사람들 가운데 그리스도께서 율법을 무시하였다고 주장하는 사람은 없다. 단지 그리스도께서 일반 죄인의 방식으로 율법에 순종했다는 주장을 거부한다.

이 논쟁의 핵심은 하나님의 칭의의 원리이다. 그리스도께서 무엇으로, 어떤 방식으로 우리를 의로운 사람으로 만들어 주셨는가에 대한 논쟁이다. 이 교리를 주장하는 사람들은 그리스도의 십자가의 효력만으로는 우리가 의인이 되어 천국 영생을 누릴 수 없다고 한다.

그리스도의 십자가의 효력 외 그리스도의 다른 무엇이 더 있어야 우리가 의인이 되어 천국 영생을 누릴 수 있다고 한다. 이것이 이 교리의 가장 심각한 문제이다. 이 교리를 주장하는 국내 학자들의 말을 직접 보자.

2-1. 김병훈 교수

"그리스도의 율법의 순종과 관련하여 다음으로 생각할 것은 그리스도의 율법의 순종은 그리스도께서 율법의 순종으로 얻으신 율법의 의와 영생의 권리를 죄인들에게 전가하여 주시는 데에 그 의미가 있음을 기억해 두는 일입니다"(김병훈 2016).

"능동적 순종과 수동적 순종은 그리스도의 순종이 가져온 효과들에 관한 구별입니다. 그리스도의 순종의 공로적 측면과 죗값을 치루는 측면을 구별하여 전자는 능동적 순종, 후자는 수동적 순종이라고 구별을 한 것입니다"(김병훈 2016).

"지옥 형벌에서 벗어나는 것과 천국 영생으로 들어가는 것이 구별이 되고, 형벌을 받는 것과 상급을 받는 것이 동일한 것이 아니며, 사망의 심판에서 구원을 받는 것과 영생의 영광을 얻는 것이 서로 구별이 되는 것이 마땅하므로, 그리스도의 순종을 공로적 측면의 능동적

순종과 공의를 만족케 하여 죗값을 치루는 수동적 측면
으로 구별하여, 전자를 통해 영생을 얻고 후자를 통해
심판을 면하는 것으로 구별하는 것은 자연스러운 일입
니다"(김병훈 2016).

위의 김병훈 교수의 설명에서 볼 수 있듯이, 이 교리
를 주장하는 사람들은 그리스도께서 십자가에서 죗값
을 치르심으로는 단지 우리에게 죄용서와 지옥 형벌로
부터 구원을 주셨다고 본다. 우리가 천국 영생을 누리
기 위해서는 또 다른 것, 즉 그리스도의 공로적이고 적
극적인 은혜가 따로 있어야 한다고 한다. 그것이 바로
그리스도가 모든 율법을 완전하게 지켜서 얻으신 율법
의 의이다.

2-2. 김재성 교수

"그리스도의 의로움을
믿음으로 전가 받는다는
교리를 세우고자 한다면,
그리스도가 모세의 율법
에 대해 완벽한 순종을 하

였음을 의존하지 않는다면 결코 불가능하다"(김재성 2021, 75).

"그리스도와 연합한 성도는 의롭다고 하는 선언을 듣게 되는데, 예수 그리스도의 순종이 의롭기 때문이다. 여기서 예수 그리스도의 순종이 골고다에서 이뤄졌다거나, 십자가에서 수행되었다는 지적이 없다"(김재성 2021, 89).

"예수 그리스도의 순종은 우리의 구원에 결정적으로 중요하다 … 예수 그리스도는 전 생애 기간 동안에 모든 율법에 적극적으로 순종하시고, 아담의 실수를 온전히 회복하셨다"(김재성 2021, 87-88).

김재성 교수의 위의 내용도 우리를 의롭게 만드신 그리스도의 방법이 모세의 율법을 준수하시어 의로움을 인정받았다는 주장이다. 그리스도의 십자가의 공로가 우리에게 죄용서와 의롭다 하심을 주었다는 사도 바울의 신학과는 심각한 괴리를 보이고 있다.

"우리가 그 피를 인하여 의롭다하심을 얻었은즉 더욱 그로 말미암아 진노하심에서 구원을 얻을 것이니"(롬 5:9).

2-3. 신호섭 교수

한국 교회에서 이 교리에 대한 논쟁이 시작되게 만든 신호섭 교수는 청교도 토마스 굿윈(Thomas Goodwin, 1600-1680)의 말을 인용하며 그리스도께서 영생을 위한 자격, 즉 율법의 의를 얻기 위해 율법의 지배를 받는 사람이 되시었다고 주장하였다.

"그리스도께서 사람이 되지 않으셨다면, 그 분은 결코 율법의 지배를 받지 못하셨을 것이다 ... 만일 그리스도가 하나님으로만 남아 계셨다면, 그 분은 율법을 준행하심으로써 우리를 위한 공로를 쌓지 못하셨을 것이다"(신호섭 2016, 111).

신호섭 교수는 청교도 윌리엄 브릿지(William Bridge, 1600-1671)의 말을 인용하며 그리스도가 십자가만으로 우리를 의인으로 만들지 못하고 율법의 의가 필요하므로 율법에 대한 능동적 순종을 통해 우리를 완전히 의롭게 만들 수 있는 자격을 얻으셨고, 그것을 우리에게 전가하셨다고 주장하였다.

"우리는 다만 그리스도의 수동적 순종만으로 의롭게 되는가? 나는 우리가 그리스도의 수동적 순종만으로 의롭게 되는 것이 아니라고 말하는 바이다. 칭의에는 두 가지 본질이 있다. 그것은 이른바 죄의 사면 (forgiveness of sins)과 의의 전가(imputation of rightouness)이다. 그리스도의 구속으로 말미암아 죄책이 사라졌고, 그리스도의 능동적 순종으로 말미암아 믿는 사람이 하나님의 면전에서 완전히 의롭게 된다" (신호섭 2016, 40).

2-4. 이승구 교수

"우리가 받아야 할 모든 형벌을 다 받으신 것, 그것을 수동적 순종이라고 하고 그리스도가 그의 생애 전체에 있어서 하나님께 우리가 바쳐야 할 모든 율법의 요구를 다 이루신 측면에서 생각할 때, 그것을 능동적 순종이라고 합니다.

나누어 놓고 보니까 수동적 순종을 통하여서 우리가 받아야 할 형벌을 다 받은 것이 되고, 그리고 능동적 순종을 통해 하나님 앞에서, 그가 본래에 가졌던 의에 더하여 이 세상에 계실 때 하나님의 온전하신 뜻을 다 이루신 그 의에 적극적 순종에 플러스 된 요인이 있으니까, 그 의를 우리에게 주실 수가 있게 되었어요"(이승구 2021).

이승구 교수도 그리스도께서 십자가로 우리가 받아야 할 벌을 제거하셨고, 율법에 대한 적극적 순종(능동적 순종)으로 우리에게 의를 전가하셨다고 주장하였다.

2-5. 고신 교수회

"그리스도께서 율법 아래에서 나신 이유를(갈 4:5) 단지 수동적 순종을 위해서라고 보는 것은 적절치 않다. 만약 그 목적이 오직 율법에 대한 수동적 순종이었다면 죄인인 인간이 구속받아 의인은 될 수 있었을지 모르지만 아들의 명분을 얻을 수는 없었기 때문이다. 그리스도께서 모든 율법을 성취하셨기 때문에 우리가 아들의 명분을 얻을 수 있었다고 보는 것이 성경적이다"(고신 교수회 2022).

고신 교수회도 그리스도의 십자가의 효력만으로는 우리가 완전한 의인이 되어 하나님의 자녀가 될 수 없으므로 그리스도께서 율법에 대한 능동적 순종으로 우리에게 하나님의 자녀가 될 자격을 만들어 전가하여 주었다고 주장했다.

2-6. 결론

이상으로 살펴본 것처럼, 이 교리를 주장하는 학자들은 하나님이 우리를 의롭다 하여주신 은혜가 두 경로로 왔다고 주장한다. 하나는 그리스도께서 십자가의 죽으심으로 우리가 받아야 할 형벌을 제거하여 주신 것이다.

또 하나는 그리스도께서 평소의 삶을 통해 모세의 율법에 대한 적극적 순종(능동적 순종)으로 하나님의 자녀 되게 하고 천국 영생을 누리게 만드는 율법의 의를 획득하여 전가하여 주신 것이다.

이들은 이 두 가지가 서로 분리되는 것이 아니라고 강조하지만, 이와 같은 양분된 칭의 프레임을 주장하는 한 하나님의 칭의의 원리가 둘로 찢어지는 것은 피할 수 없는 일이다.

- 3장 -
성경 본문들과 그리스도의 능동적 순종

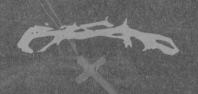

- 3장 -

성경 본문들과 그리스도의 능동적 순종

3. 성경 본문들과 그리스도의 능동적 순종

모든 신학과 교리는 철저하게 성경에 근거해야 하고, 아무리 유명한 신학자의 신학이라도 성경과 일치하지 않음에도 신봉하면 필연적으로 우리의 신앙을 해치게 된다. 종교개혁자들의 신학의 원리는 오직 성경이었다. 우리의 개혁신학은 칼빈과 고대교회의 교부들과 종교회의들을 통해 만들어진 성경적 교리를 중시하고 계승한다. 그러나 무엇보다 중요한 것은 언제나 성경이다 (서철원 2018a, 131-132).

그리스도의 능동적 순종 교리가 하나님의 칭의의 원리를 바르게 설명하는 신학이라면, 칭의를 언급하는 성경의 구절들과 내용이 일치해야 한다. 또한 율법의 의가 우리를 의롭게 만들었다고 하는 교리이므로 율법에 대한 성경의 가르침과도 일치해야 한다.

3-1. 성경의 칭의

필자는 하나님이 우리를 의롭다하여 주심에 대해 언급하는 성경의 구절들을 모두 찾으려고 노력하였다. 현재

까지 찾아낸 칭의에 대해 가르치는 성경 구절들, 즉 어떻게 우리가 하나님 앞에서 의로운 사람으로 또는 거룩한 사람으로 인정되었는지 설명해 주는 성경 구절을 다음과 같다.

"이 뜻을 좇아 예수 그리스도의 몸을 단번에 드리심으로 말미암아 우리가 거룩함을 얻었노라"(히 10:10).

"오직 그리스도는 죄를 위하여 한 영원한 제사를 드리시고 하나님 우편에 앉으사 그 후 자기 원수들로 자기 발등상이 되게 하실 때까지 기다리시나니 저가 한 제물로 거룩하게 된 자들을 영원히 온전게 하셨느니라"(히 10:14).

"예수도 자기 피로서 백성을 거룩케 하려고 성문 밖에서 고난을 받으셨느니라"(히 13:12).

"예수는 우리 범죄함을 위해 내어 줌이 되고 또한 우리를 의롭다 하심을 위하여 살아나셨느니라"(롬 4:25).

"그리스도께서 하나님 곧 우리 아버지의 뜻을 따라 이 악한 세대에서 우리를 건지시려고 우리 죄를 위하여 자기 몸을 드리셨으니 영광이 저에게 세세토록 있을찌어다 아멘 그리스도의 은혜로 너희를 부르신 이를 이같이 속히 떠나 다른 복음 찾는 것을 내가 이상히 여기노라"(갈 1:4-6).

"그는 우리를 위하여 자기를 버리사 향기로운 제물과 생축으로 하나님께 드리셨느니라"(엡 5:2).

"그리스도 예수 안에 있는 속량으로 말미암아 하나님의 은혜로 값없이 의롭다 하심을 얻은 자 되었느니라"(롬 3:24).

"하나님이 그 피로 인하여 믿음으로 말미암는 화목제물로 세우셨으니 이는 하나님께서 길이 참으시는 중에 전에 지은 죄를 간과하심으로 자기의 의로움을 나타내려 하심이니 곧 이때에 자기의 의로우심을 나타내사 자기도 의로우시며 또한 예수 믿는 자를 의롭다 하려 하심이라"(롬 3: 25,26).

"우리가 그 피를 인하여 의롭다 하심을 얻었은즉 더욱 그로 말미암아 진노하심에서 구원을 얻을 것이니"(롬 5:9).

"그러므로 형제들아 우리가 예수의 피를 힘입어 성소에 들어갈 담력을 얻었나니"(히 10:19).

"그가 우리를 대신하여 자신을 주심은 모든 불법에서

우리를 속량하시고 우리를 깨끗하게 하사 선한 일을 열심히 하는 자기 백성이 되게 하려 하심이라"(딛 2:14).

"하나님이 죄를 알지도 못하신 이를 우리를 대신하여 죄로 삼으신 것은 우리로 하여금 그 안에서 하나님의 의가 되게 하려 하심이라"(고후 5:21).

"이제는 전에 멀리 있던 너희가 그리스도 예수 안에서 그리스도의 피로 가까워졌느니라 그는 우리의 화평이신지라 둘로 하나를 만드사 원수 된 것 곧 중간에 막힌 담을 자기 육체로 허시고"(엡 2:13,14).

"예수는 하나님으로부터 나와서 우리에게 지혜와 의로움과 거룩함과 구원함이 되셨으니"(고전 1:30).

"그러므로 형제들아 우리가 예수의 피를 힘입어 성소에 들어갈 담력을 얻었나니"(히 10:19).

"그가 자기 영혼의 수고한 것을 보고 만족히 여길 것이라 나의 의로운 종이 자기 지식으로 많은 사람을 의롭게 하며 또 그들의 죄악을 친히 담당하리라"(사 53:11).

"나 여호와가 말하노라 보라 때가 이르리니 내가 다윗에게 한 의로운 가지를 일으킬 것이라 그가 왕이 되어 지혜롭게 행사하며 세상에 공평과 정의를 행할 것이며 그의 날에 유다는 구원을 얻겠고 이스라엘은 평안히 거할 것이며 그 이름은 여호와 우리의 의라 일컬음을 받으리라"(렘 23:6).

"그날 그때에 내가 다윗에게 한 의로운 가지가 나게 하리니 그가 이 땅에 공평과 저의를 실행할 것이라. 그 날에 유다가 구원을 얻겠고 예루살렘이 안전히 거할 것이며 그 성은 여호와 우리의 의라 일컬음을 입으리라"(렘 33:16).

칭의의 원리에 관해 설명하는 성경의 모든 본문들이 일치하여 강조하는 것은 죄와 무관한 출생으로 우리에게 오신 하나님의 성육신자 예수 그리스도가 자기를 우리의 죗값으로 하나님께 드리셨다는 사실이다. 그리스도께서 대신 죽으심으로 이루어진 죄의 용서가 우리를 하나님 앞에서 의로운 자가 되게 만들었다는 것이다.

이 교리를 주장하는 여러 학자들이 강조하는 것처럼, 십자가의 속죄만으로는 우리가 완전한 의인이 되지 못하였다는 암시는 성경 어디에서도 나오지 않는다. 그리스도의 속죄로는 지옥에 떨어지지 않을지라도 우리가

41

천국 영생을 누리기에 합당한 의인이 되지 못하여 그리스도께서 다른 무엇, 즉 평소 삶의 적극적 율법 준수에 힘쓰셨다는 가르침은 성경에 없다.

그리스도의 십자가 속죄 사역은 소극적인 의를 선물하는 수동적 순종이고 우리를 완전한 의인이 되게 만드는 그리스도의 적극적 순종, 즉 그리스도의 율법 준수의 중요성을 가르치는 내용은 성경에서 전혀 발견되지 않는다.

3-2. 롬 5:19, 10:4; 갈 4:4,5

그리스도의 능동적 순종 교리를 주장하는 학자들이 성경적 근거로 인용하는 대표적인 성경 본문은 위의 세 곳이다. 우리는 위 세 부분을 기록한 성경 저자의 진정한 의미가 무엇인지 본문의 맥락 안에서 정확하게 확인할 필요가 있다.

3-2-1. 로마서 5:19절

"한 사람이 순종하지 아니함으로 많은 사람이 죄인된 것 같이 한 사람이 순종하심으로 많은 사람이 의인이 되리라"(롬 5:19).

이 교리를 주장하는 학자들은 일반적으로 '순종'이라는 단어가 등장하면 억지로 능동적 순종 개념 속으로 포함시키는 경향을 보이고 있다. 그러나 그리스도께서 순종으로 하나님의 의를 이루시고 또한 우리를 구원했다는 이해와 표현은 지극히 성경적이다. 그리스도가 율법을 준수하여 얻으신 율법의 의로 자기 백성에게 칭의를 주었다는 이론을 부정하는 칼빈과 서철원 박사도 동일하게 그리스도가 순종으로 우리를 구원하셨다고 한다.

"그는 죽기까지 순종하므로 아담의 불순종을 속상하여 많은 사람들을 의롭게 만들었다 (롬 5:17-19). 그의 순종으로 말미암아 사람들이 사망에서 돌이켜 생명 곧 영생에 이르렀다 (롬 5:21). 하나님의 뜻을 순종함이 의이기 때문이다"(서철원 2018, 165).

"그리스도는 복종을 통해서 우리를 구원하셨고, 그는 이를 위해 평생 동안 복종을 실행하셨다(소제목). 그런데 어떤 사람은 묻기를 그리스도는 어떻게 죄를 없애버리며, 우리와 하나님 사이의 간격을 없애며, 의를 얻어서 하나님이 우리에게 대하여 은혜와 친절을 품으시게 만드셨느냐고 한다. 이에 대해 우리는 일반적으로 대답할 수 있는데 곧 그의 복종 생활 전체에 의하여 우리를 위해 이 일을 성취하셨다는 것이다"(존 칼빈 1559, 2.16.5).

서철원 박사와 존 칼빈이 그리스도의 순종하심이 우리를 의롭게 만드셨다고 말했다고 해서 그분들이 그리스도의 능동적 순종 교리를 지지하는 것은 결코 아니다. 왜냐하면 그리스도께서 순종하심으로 많은 사람을 의인으로 만들었다는 것은 성경의 가르침이기 때문이다.

문제는 그리스도가 순종으로 우리를 의롭게 만드시고 구원하셨다는 성경의 말씀과 참된 개혁신학자들의 말을 어떻게 이해하느냐이다. 결코 모세의 율법에 완전하게 순종하심으로 율법의 의를 획득하여 전가하심으로 우리를 의롭게 만들었다는 뜻이 아니다.

아담의 범죄 안에서 하나님의 자녀의 신분을 박탈 당하고 영원한 저주와 죽음의 형벌에 처해진 죽은 자 들을 구원하여 다시 하나님 백성이 되게 하라는 성부 하나님의 모든 뜻에 성자 하나님께서 순종하셨다는 의미이다.

개혁신학의 독특한 내용들 가운데 구원협약이라는 개 념이 있다. 죄로 죽은 자기 백성들을 다시 살려 자기를 찬송하는 거룩한 백성으로 삼고자 작정하신 성부의 뜻 에 성자께서 순종하셨다는 사실을 이해하기 위해 우리 는 구원협약을 이해해야 한다.

구원협약은 아직 아담의 타락이 일어나기 전, 아담의 타락을 미리 아신 하나님께서 자기 백성을 가지시려는 창조 경륜을 이루시고자 타락으로 죽은 자들을 살리기 위한 방도를 세우시고자 삼위일체 하나님이 서로 의논 하시었다.

개혁신학은 그것을 구원협약이라고 하는데, 그 직접 적인 근거를 성경에서 찾는 것은 사실상 어렵고 또 불가능하다고 할 수 있다. 자기 백성을 가지시려는 하나님의 의지와 성경 전체에 나타나는 그리스도의 구속 사역에 근거하여 자연스럽게 나타나는 추론이라고 할 수 있다.

어떤 신학자들은 성부께서 성자를 구원 중보자로 임명하시고 성자에게 사람이 되어 율법에 복종하고 십자가의 저주를 받음으로 자기 백성을 구원하라고 요구하셨다고 한다. 성자께서 사람이 되어 십자가의 고난을 받으심으로 하나님의 공의를 만족시키고, 율법을 지키심으로 죄로 죽은 자들 가운데 하나님이 택하신 자들이 의와 영생에 이르도록 삼위 하나님이 서로의 의논하시고 특히 성자께서 그 중요한 역할을 맡으시기로 약속하였다고 한다 (존 페스코 2016, 31).

그러나 성자가 사람이 되어 율법을 지키심으로 타락한 백성을 의롭게 만들기로 삼위 하나님 사이에 협약이 이루어졌다는 내용은 우리가 받을 수 없다. 창세 전에 무슨 율법이 있었다는 것인지 성경을 통해 전혀 알 수 없기 때문이고, 타락한 백성을 의롭게 만들어 영생에 이르게 하는 하나님의 방법은 율법이 아니고 거룩하신

하나님 자신의 의, 즉 '하나님의 의'(롬 3:21-22)라고
성경이 밝히 말하기 때문이다.

서철원 박사는 "성부, 성자, 성령이 세상 구원을 위하
여 구원자와 구원방식을 협약"(서철원 2018e, 374) 하
신 것이라고 구원협약을 설명한다. 그리고 구원협약에
서 성자는 타락한 자들을 하나님 백성으로 되돌리기 위
해 인간이 되어 죄의 형벌을 담당하시기로 약속하셨다
고 설명한다 (374). 그리고 "성부는 이 약속을 따라 아
들을 그리스도로 선언하시고 그의 희생을 택자들의 죄
를 위한 완전한 속량으로 받으시기로 약속"(374) 하셨
다고 설명한다.

그러므로 우리는 그리스도의 순종에 대해 언급하는
성경 본문들을 구원협약 개념 안에서 이해해야 마땅하
다. 다수의 개혁신학자들이 구원협약에서 성자가 사람
이 되어 대신 율법을 지키고 또 십자가의 고난을 당하
심으로 택자들을 구원하기로 약속했다고 주장하나, 그
것은 성경의 지지를 받지 못하는 내용이다.

서철원 박사처럼 성자가 구원중보자가 되어 타락한
백성들이 당해야 할 죄의 형벌을 대신 감당하심으로 하

나님과의 화평을 이루어내시기로 구원협약에서 약속하신 것으로 이해해야 한다. 그리고 성부께서 성자의 속죄 행위를 택자들의 죄를 위한 속량으로 받으시기로 약속한 신 것으로 이해해야 한다 (서철원 2018e, 374).

성경이 말하는 그리스도의 순종을 서철원 박사처럼 이해하는 것이 옳다는 것은 구약 성경의 메시야 사역을 예언하는 본문들을 통해서 명확하게 드러난다. 메시야가 율법을 완전하게 실천하고 준수하여 자기 백성의 칭의 준비를 위한 의를 먼저 획득할 것이라고 예언한 구약의 선지자는 한 명도 없다.

메시야의 사역을 예언한 가장 대표적인 선지자 이사야이다. 이사야는 메시야가 타락한 하나님 백성의 죄를 속량하기 위해 대신 저주와 고난을 당하실 것이라고 예언했다.

"그는 실로 우리의 질고를 지고 우리의 슬픔을 당하였거늘 우리는 생각하기를 그는 징벌을 받아 하나님께 맞으며 고난을 당한다 하였노라. 그가 찔림은 우리의 허물 때문이요 그가 상함은 우리의 죄악 때문이라 그가 징계를 받으므로 우리는 평화를 누리고 그가 채찍에 맞으므로 우리는 나음을 받았도다. 우리는 다 양 같아서 그릇 행하여 각기 제 길로 갔거늘 여호와께서는 우리 모두의 죄악을 그에게 담당시키셨도다"(사 53:4-6).

그러므로 로마서 5:19절의 그리스도의 순종도 율법에 대한 순종이 아니라, 죄로 죽은 하나님 백성들을 살리기 위해 그들의 죗값을 대신 갚으라는 성부 하나님의 뜻에 성자께서 완전하게 순종하신 것으로 해석해야 마땅하다. 제2 아담으로 오신 그리스도는 첫 사람 아담과 아담 안에서 우리 모두가 범한 죄의 형벌을 완전하게 대신 감당하심으로 하나님의 공의에 만족을 드리셨다.

그리하여 하나님의 진노가 해소되었고 하나님과 우리가 화해됨으로 그리스도의 복음을 통해 나타난 '하나님의 의'(롬 1:17)를 우리가 소유하게 되었다. 그래서 우리가 하나님 앞에서 의로운 사람으로 인정될 수 있었다. 로마서 5:19절이 말하는 그리스도의 순종은 율법에 대한 순종이 아니고 자기 백성을 죄에서 건지기 위해 대신 죗값을 갚으라는 성부의 뜻에 대한 순종이다.

3-2-2. 로마서 10:4절

"그리스도는 모든 믿는 자에게 의를 이루기 위하여 율법의 마침이 되시니라"(롬 10:4).

그리스도의 능동적 순종 교리를 주장하는 학자들이 가장 많이 인용하는 성경 본문은 로마서 10:4절이다. 이 교리를 주장하는 사람들은 '의를 이루기 위하여'라는 표현이 등장하기만 하면, 그리고 '율법'이라는 단어가 함께 등장하면 즉시 그리스도의 능동적 순종 개념을 떠올리고 연결시키는 심리적 장애를 보이는 것 같다.

그러나 우리는 그리스도께서 율법의 마침이 되시었다는 말의 의미를 잘 생각해야 한다. 절대로 그리스도께서 모든 율법 조항들을 완전하게 실천하셨다는 방식으로 이해해서는 안 된다. 그 이유는 다음과 같다.

누가 율법을 완전하게 지켰다고 한다면, 그 사람이 그 율법의 지시와 명령에 반하는 본성과 기질을 가지고 있는 사람이라고 전제하는 것이기 때문이다. 즉, 그리스도께서 간음하지 말라는 율법을 완전하게 지켰다면, 필히 그리스도께서 간음할 수 있는 충동과 욕망을 억제하시는 내적 투쟁을 거치셨고 이기셨다는 것을 의미한다. 그렇다면 그리스도에게도 우리 일반 죄인들에게 있는 간음의 욕구 등의 죄성이 동일하게 있었다는 것이다.

예를 들어서 내가 어떤 잘생기고 먹성이 좋은 소에게 맛있는 냄새를 풍기는 개의 밥을 보여주면서, "너는 이 개밥을 조금도 먹지 않아야 한다"라는 율법을 주었다고 가정하자. 그리고 "네가 이 개밥을 조금도 먹지 않으면 나는 너에게 더 좋은 외양간을 만들어 주겠다!"라고 약속했다고 하자.

그 소는 과연 내가 준 개밥을 조금이라도 먹었을까 안 먹었을까? 그 소는 내가 냄새를 맡게 해 주고 앞에 둔 개밥에 눈길도 주지 않았을 것이다. 그리고 한 번 더 냄새를 맡으려고 다가서지도 않았을 것이다. 그러면 그 소는 내가 준 율법을 완전하게 지킨 것인가?

그 소가 율법을 지켰다고 할 수가 없는 상황이다. 왜냐하면 소의 본성 속에는 개가 먹는 밥에 이끌리는 성향이 조금도 없기 때문이다. 세상 어디에 개밥에 눈길을 주면서 먹으려고 기회를 엿보는 소가 있을까? 소가 먹는 음식과 개가 먹는 음식 사이에는 물이나 공기를 제외하고 전혀 다른 일치성이나 공통성이 없다. 그러므로 내가 어떤 소에게 "개밥을 먹지 말라!"라는 율법을 준다는 것 자체가 성립되지 않는다.

그리스도께서 모든 율법 조항들을 완전하게 실천하셨다는 능동적 순종 교리 주장자들의 말과 같은 경우이다. 율법은 죄를 규정하고 죄를 범한 사람은 반드시 상응하는 대가를 하나님께 치루어야 함을 규정하는 하나님이 정하신 법이다.

"죄가 율법 있기 전에도 세상에 있었으나 율법이 없을 때에는 죄를 죄로 여기지 아니하느니라"(롬 5:13).

"율법이 가입한 것은 범죄를 더하게 하려 함이라 그러나 죄가 더한 곳에 은혜가 넘쳤나니"(롬 5:20).

만일 그리스도에게 간음하고 싶은 본성이 있었다면, 그리스도의 그 나쁜 성품은 어디로부터 유래했을까? 타락한 우리 조상 아담으로부터 영적으로 유전되어진 것이 아니라면 어떻게 그리스도의 인격 속에 그런 죄성이 있을 수 있는가?

그리스도께서 율법 조항들을 100% 완전하게 실천하여 율법의 의를 획득하여 우리에게 전가했다는 이 교리는 이와 같이 하나님의 성육신의 신비와 아담의 죄와 무관한 사람으로 오시기 위해 성령으로 잉태되신 그리스도의 완전한 신성과 인성에 대한 심한 모독이다.

그렇다면 완전히 거룩하고 의로우신 그리스도의 지상 생애를 우리는 어떻게 설명해야 할까? 사람으로 태어나신 후 힘써 율법을 지키시어 거룩하고 의로운 삶을 사신 것으로 설명하면 우리의 신앙은 필히 멸망한다. 하나님의 거룩하심과 의로우심을 그대로 담지하시는 완전한 의인으로 출생하신 하나님의 성육신의 신비가 바로 그 해답이다.

사람이 되신 그리스도는 율법을 지키신 분이다. 그러나 우리 죄인들의 방식으로 율법을 지키신 것이 아니다. 그리스도께서는 율법 따위가 요구하고 가르치고 지시하는 모든 거룩함과 완전함이 처음부터 다 구비되고 실현된 거룩하고 의로운 사람으로 지상으로 오시었다.

감히 율법 따위가 그리스도의 거룩하심과 의로우심의 수준을 논할 수 있는 것이 아니다. 하나님의 거룩하심을 그대로 유지하시는 신비한 성육신의 방법으로 사

람이 되시어 우리에게 오신 그리스도는 초등학문(갈
4:3; 갈 4:9; 골2:8; 골2:20)인 율법 조항들이 요구하
고 지시하는 의의 수준을 천만번 이상 빙빙 감아 돌고
도 남을 정도로 거룩하고 의로우신 분이었다.

율법이 요구하고 지시하는 의의 수준은 기껏해야 그
리스도께서 가지신 거룩하신 '하나님의 의'(롬 1:17)를
희미하게 보여주는 정도의 그림자 정도에 불과했다. 그
래서 성경은 율법은 그리스도의 그림자라고 말한다.

"이것들은 장래 일의 그림자이나 몸은 그리스도의 것
이니라"(골 2:17).

"율법은 장차 올 좋은 일의 그림자일 뿐이요 참 형상
이 아니므로 해마다 늘 드리는 같은 제사로는 나아오는
자들을 언제나 온전하게 할 수 없느니라"(히 10:1).

우리는 그리스도께서 율법을 지키셨음을 당당하게 말
해야 한다. 그러나 그리스도가 율법을 지키신 방법이
우리 죄인들과 같은 방식이었다고 설명하면 그리스도
에 대한 심한 모욕죄를 범하는 것이다. 하나님의 거룩
하심을 그대로 가지시고 사람이 되신 그리스도께서는
처음부터 율법의 모든 정신과 요구가 다 이루어지고,

그리고 그 이상으로 거룩하시고 의로우신 분으로 세상에 오셨다는 사실을 정확하게 설명해야 한다.

그래서 사람이 되신 하나님인 예수 그리스도의 완전히 거룩하심과 의로우심을 정확하게 인지하였던 선지자들과 사도들은 그리스도가 아직 걷지도 못하고 단지 옹알이하는 아기 상태였음에도 성령의 감동을 받아 다음과 같이 고백하였다.

"시므온이 아기를 안고 하나님을 찬송하여 가로되 주재여 이제는 말씀하신 대로 종을 평안히 놓아 주시는도다 내 눈이 주의 구원을 보았사오니"(눅 2:28-30).

세례 요한의 어머니 엘리사벳이 예수님을 태중에 잉태한 자기의 사촌 마리아를 만났을 때 성령께서 엘리사벳에게 감동하시어 마리아의 태중에 계시는 예수 그리스도를 자신의 구세주로 고백하게 하였다.

"내 주의 모친이 내게 나아오니 이 어찌 된 일인고"(눅 1:43).

하나님께 우리의 죄를 속하고도 넉넉하게 남을 그리스도께서 완전히 거룩하고 의롭게 사심은 결코 율법준수의 결과가 아니다. 그것을 그리스도께서 율법 조항들을 완전하게 지키신 것으로 설명하면 기독교는 필히 죽는다. 그리스도께서 부처와 같아지기 때문이다.

그러나 우리는 그리스도께서 마지막에 사람의 방식으로 율법을 지켰다는 사실도 분명하게 설명해야 한다. 율법이 지시하고 요구하는 모든 거룩함과 완전함을 넘치고 남도록 소유하신 그리스도께서는 율법의 지시와 요구에 전혀 미치지 못하는 우리 죄인들이 받아야 할 율법의 요구를 대신 감당하시었다.

그 율법의 요구란 무엇인가? 하나님께 죄를 범한 죄인들은 반드시 죗값을 갚아야 한다는 것이다. 하나님께 범죄한 자는 그 죄의 삯으로 사망에 처해져야 한다는 것이 율법의 최종적 요구이다.

"너희 자신을 종으로 내주어 누구에게 순종하든지 그 순종함을 받는 자의 종이 되는 줄을 너희가 알지 못하느냐 혹은 죄의 종으로 사망에 이르고 혹은 순종의 종으로 의에 이르느니라"(롬 6:16).

"너희가 그 때에 무슨 열매를 얻었느냐 이제는 너희가 그 일을 부끄러워하나니 이는 그 마지막이 사망임이라"(롬 6:21).

"죄의 삯은 사망이요 하나님의 은사는 그리스도 예수 우리 주 안에 있는 영생이니라"(롬 6:23).

아담과 함께 최초의 죄를 범하였고 이후 태어나서 그 죄의 열매를 평생 맺으며 살아가는 우리는 죄 속에서 죽는 것 외에 다른 길을 찾을 수 없었다. 아담의 후손으로 태어나는 모든 사람들에게 주어지는 자연적 은사는 죄 속에서 죽어 영원한 형벌을 당하는 것 뿐이다.

"그러므로 내가 너희에게 말하기를 너희가 너희 죄 가운데서 죽으리라 하였노라 너희가 만일 내가 그인 줄 믿지 아니하면 너희 죄 가운데서 죽으리라"(요 8:24).

율법의 요구대로 죄 속에서 죽어야 할 우리들을 위해 그리스도께서 대신 율법의 요구를 감당하여 주셨다. 그것이 바로 그리스도께서 마지막에 사람의 방식으로 율법을 대신 지켜주신 것이다. 우리 모든 사람들이 죄 지은 대가로 반드시 죽어야 한다는 율법의 요구를 그리스도께서 대신 받으시고 죽으신 것이 그리스도께서 사람의 방식으로 율법 준수하신 것이다.

"그리스도는 모든 믿는 자에게 의를 이루기 위하여 율법의 마침이 되시니라"(롬 10:4).

그리스도의 능동적 순종 교리를 주장하는 학자들이 이 구절을 악용하지 않아야 한다. 그리스도께서 율법의 마침이 되시었다는 것은 죄인들에게 반드시 죽음으로 죗값을 갚아야 한다는 율법의 요구를 자기의 거룩하신 목숨으로 대신 감당하여 주셨음을 뜻한다. 그리하여 율법이 우리에게 "너는 죄인이므로 반드시 죽어야 한다!" 라고 요구하지 못하게 만드신 것을 뜻한다.

서철원 박사도 그리스도께서 율법의 마침이 되시었다는 것을 같은 방식으로 설명한다.

"그리스도가 율법을 성취하셨다는 것을 율법을 다 지켜서 의를 얻어 우리에게 전가하셨다는 것이 아니다. 사람이 범죄하므로 율법은 죗값을 갚으라는 요구를 한 것이다. 그리스도께서 피 흘려 죗값을 갚으시므로 율법의 요구를 다 성취하셨다. 이로써 그리스도는 율법을 완수하셨다"(서철원 2018a, 202).

3-2-3. 갈라디아 4:4,5절

"때가 차매 하나님이 그 아들을 보내사 여자에게서 나게 하시고 율법 아래에 나게 하신 것은 율법 아래에 있는 자들을 속량하시고 우리로 아들의 명분을 얻게 하려 하심이라"(갈 4:3,4).

그리스도의 능동적 순종 교리를 주장하는 학자들은 이 성경 본문에서 그리스도가 율법준수로 우리를 하나님의 아들 되게 하였고 십자가의 속죄로 우리가 형벌에서 면제되게 하셨다고 한다. 최근의 대표적인 사례는 고신교수회가 2022년 고신 총회에 올린 그리스도의 능동적 순종 교리에 대한 보고서이다.

"그리스도께서 율법 아래에서 나신 이유를(갈 4:5) 단지 수동적 순종을 위해서라고 보는 것은 적절치 않다. 만약 그 목적이 오직 율법에 대한 수동적 순종이었다면 죄인인 인간이 구속받아 의인은 될 수 있었을지 모르지만, 아들의 명분을 얻을 수는 없었기 때문이다. 그리스도께서 모든 율법을 성취하셨기 때문에 우리가 아들의 명분을 얻을 수 있었다고 보는 것이 성경적이다"(고신교수회 2022).

우리는 위 성경 본문을 그리스도의 능동적 순종과 수동적 순종이라는 프레임으로 접근하는 시도 자체를 거부해야 한다. 갈 4:4,5절의 저자인 사도 바울은 하나님

께 죄를 범하여 반드시 죽어야 한다는 율법의 정죄를
받는 사람들을 위해 그리스도께서 대신 저주를 받으셨
다는 사실 하나를 강조하였기 때문이다.

사도는 하나님께 죄를 범하였으므로 하나님이 세우
신 율법에 의해 사형 선고를 받은 사람들을 위해서 그
리스도가 대신 죽으셨는데, 그로 인해 다음의 두 가지
결과가 나타났다고 설명했다. 하나는 (그 당시 노예를
위해 돈을 지불하고 자유를 누리게 하는 것처럼) 우리
를 율법의 사형 선고로부터 해방되어 자유를 누리게
만들었고, 그리고 또 하나는 그 전에는 하나님의 저
주를 받았던 우리를 하나님의 아들이 되게 만들었다는
것이다.

사도 바울이 갈 4:4,5절에서 말한 것은 그리스도의
속죄로 말미암아 우리에게 율법의 저주로부터 해방, 그
리고 하나님의 자녀 됨이라는 결과가 모두 함께 일어났
다고 말했을 뿐이다. 그런데 어찌하여 그리스도가 율법
을 지켜 얻으신 의로 우리를 하나님의 자녀되게 하고,
십자가의 죽으심으로 우리를 죄에서 속량되게 하시려
율법 아래 태어나셨다고 이 성경 본문의 의미를 왜곡하

는 것인가?

그 이유는 능동적 순종과 수동적 순종이라는 비성경적인 프레임 속으로 그리스도의 생애와 죽으심을 밀어넣고 있기 때문이다. 성경을 잘못 해석하는 찌그러진 나쁜 안경을 쓰고 있기 때문이다.

서철원 (2020, 222-223) 박사는 '여자에게서 나게 하시고'를 우리와 같은 인성을 취하여 오신 것으로, '율법 아래에 나게 하신 것'을 먼저 율법을 받아 그리스도의 오심을 준비하는 통로로 쓰임 받은 이스라엘을 통하여 그리스도가 오신 것으로 해석한다. 그리고 '율법 아래에 있는 자들을 속량하시고 우리로 아들의 명분을 얻게 하려 하심'을 다음과 같이 설명한다.

"아들들이 되려면 죄와 죽음에서 놓여나야 한다. 그러려면 속죄가 필수적이다. 속죄의 방식으로 세상을 구원하시기로 하나님이 작정하셨기 때문이다. 죄와 사망에서 우리를 해방하기 위해 하나님의 아들이 사람이 되사 속죄제사의 죽음을 죽으셨다"(서철원, 2020, 223-224).

갈라디아 4:4,5절을 통해 그리스도께서 율법 준수로

우리를 의로운 하나님의 자녀의 명분을 가지게 했고, 십자가의 죽으심으로 죄인의 신분에서 벗어나게 했다는 고신 교수회의 주장과 다른 학자들의 주장은 이 성경 본문의 저자인 사도 바울의 신학과 근본적으로 맞지 않는다.

- 4장 -
의롭다 하심과 율법

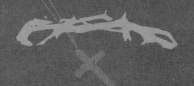

- 4장 -

의롭다 하심과 율법

4. 의롭다 하심과 율법

서철원 박사와 여러 성경 학자들이 그리스도의 능동적 순종 교리를 심각한 이단 사상이라고 지적하는 이유는 우리의 구원의 반석이신 '하나님의 의'를 밀치고 대신 성경에서 전혀 유래를 찾을 수 없는 '율법의 의'를 우리의 구원의 반석으로 신봉하라고 가르치기 때문이다 (서철원 2021).

원래 사도 바울은 율법의 의를 목숨처럼 붙들었던 유대교의 최고 엘리트 신자였다.

"그러나 나도 육체를 신뢰할 만하며 만일 누구든지 다른 이가 육체를 신뢰할 것이 있는 줄로 생각하면 나는 더욱 그러하리니 나는 팔일 만에 할례를 받고 이스라엘 족속이요 베냐민 지파요 히브리인 중의 히브리인이요 율법으로는 바리새인이요 열심으로는 교회를 박해하고 율법의 의로는 흠이 없는 자라"(빌 3:4-6).

그러나 영생의 의를 주지 못하는 율법의 의를 목숨처럼 여기고 살아가는 자신을 불쌍히 여기시고 찾아오시어 영혼의 눈을 열어주신 예수 그리스도를 다메섹에서 직접 만났다. 그리스도를 만나 영혼이 흔들리는 큰 충격을 받고 율법의 의가 자기의 영생을 위해 아무 소용 없음을 알게 되었다. 결국 율법의 의를 추구하는 유대교 추종자 시절의 모든 것을 배설물로 여기고 버렸다.

"또한 모든 것을 해로 여김은 내 주 그리스도 예수를 아는 지식이 가장 고상하기 때문이라 내가 그를 위하여 모든 것을 잃어버리고 배설물로 여김은 그리스도를 얻고 그 안에서 발견되려 함이니"(빌 3:7-9).

이후 사도 바울에게는 오직 그리스도를 믿음으로 하나님으로부터 부어지는 하나님의 의만 사람을 영생하게 하고 하나님의 자녀되게 만드는 의로 인정되었다. 오직 그리스도를 믿음으로 얻어지는 하나님의 의로만 사람이 구원에 이르게 됨을 전하기 시작했다.

"내가 가진 의는 율법에서 난 것이 아니요 오직 그리스도를 믿음으로 말미암은 것이니 곧 믿음으로 하나님께로부터 난 의라"(빌 3:9).

"또 모세의 율법으로 너희가 의롭다 하심을 얻지 못하던 모든 일에도 이 사람을 힘입어 믿는 자마다 의롭다 하심을 얻는 이것이라"(행 13:39).

사도 바울은 일찍 율법을 알았던 유대인에게나 처음부터 율법과 무관하게 살았던 이방인들에게 오직 예수 그리스도의 복음만 전파하였다. 그리스도의 복음을 통해 죄인을 의인으로 만드는 하나님의 의가 나타나기 때문이다.

"내가 복음을 부끄러워하지 아니하노니 이 복음은 모든 믿는 자에게 구원을 주시는 하나님의 능력이 됨이라 먼저는 유대인에게요 그리고 헬라인에게로다"(롬 1:16).

"복음에는 하나님의 의가 나타나서 믿음으로 믿음에 이르게 하나니 기록된바 오직 의인은 믿음으로 말미암아 살리라 함과 같으니라"(롬 1:17).

사도 바울의 이 신학이 성경의 구원신학이 되었다. 성령께서 먼저 사도 바울에게 믿는 자를 의인으로 만드는 하나님의 의를 가르쳐 주셨고, 사도 바울이 이 진리를 성경에 기록하게 하셨다. 그러므로 의롭다 하심을 얻는 것에 대해서는 사도 바울이 최고의 신학적 권위를 가진다. 사도 바울의 칭의 신학이 곧 성경의 칭의론이다. 의롭다 하심을 얻는 것과 율법의 관계에 대한 논의는 반드시 사도 바울의 성경에 의거해야 한다.

4-1. 아브라함의 칭의

아담의 타락 이후 영원한 하나님의 진노의 대상이 되어 버린 죄인이 하나님 앞에서 살 수 있는 자격, 즉 하나님의 의롭다 하심을 얻은 최초의 사람은 아브라함이다. 하나님은 아브라함을 통해 죄인이 의롭다 하심을 얻는 원리를 정하여 보이셨다. 그래서 아브라함은 우리의 믿음의 조상이다 (롬 4:16).

아브라함이 의롭다 하심을 얻을 때 율법이라는 것이 어디에 있었는가? 아직 어디에도 율법이 있지 않았을 때 아브라함은 완전한 하나님의 칭의를 얻은 사람이다. 사도 바울은 우리가 의롭다 하심을 얻는 것에 대해 이렇게 말했다.

"성경이 무엇을 말하느냐 아브라함이 하나님을 믿으매 그것이 그에게 의로 여겨진 바 되었느니라"(롬 4:3).

창세기를 보면 아브라함은 도무지 하나님을 믿을 수 없는 상황에서 하나님을 확실하게 믿었다. 이미 자손 번식에 관하여서는 죽을 자를 방불하게 만드는 99세의 나이가 되어 사람의 자연적 방식으로는 아들을 얻을 수가 없는 상황이었다.

그러나 하나님께서 그에게 자식을 줄 것이고, 또 그 자식을 통해 셀 수 없이 많은 자손들이 생산될 것이라고 약속하셨다. 사람의 마음으로 도무지 믿을 수 없는 하나님의 약속의 말씀을 아브라함은 굳건하게 믿었다. 그것으로 하나님께서 아브라함이 자신을 얼마나 굳게 믿고 있는지 확인하셨다.

자식을 낳을 수 없는 99세의 상황에서 하나님께서 아들을 주실 것이고, 더 나아가 그 아들을 통해 한 민족을 이루어 주신다는 약속의 말씀을 주실 때, 아브라함이 의심치 않고 믿었다는 것 그 자체가 하나님에 대한 아브라함의 믿음의 확실한 증거였다. 그래서 하나님은 아브라함의 그 믿음을 보시고 그가 영생 얻기에 합당한 의로운 자라고 인정하신 것이다.

여기에서 우리는 아브라함의 칭의를 가능하게 한 또 한 가지 근본적인 사실을 말해야 한다. 그것은 아브라함을 의롭다 하신 여호와 하나님이 훗날 성육신하시어 십자가에 달리신 예수 그리스도 바로 그분이라는 사실이다.

아브라함에게 의롭다 하심을 주신 하나님께서 나중에

지상의 이사야 선지자에게 성령의 감동하심을 베푸시어 자기의 보좌 앞으로 올라오게 하셨다. 그 모습을 성경은 이렇게 말한다.

"웃시야 왕이 죽던 해에 내가 본즉 주께서 높이 들린 보좌에 앉으셨는데 그의 옷자락은 성전에 가득하였고 스랍들이 모시고 섰는데 각기 여섯 날개가 있어 그 둘로는 자기의 얼굴을 가리었고 그 둘로는 자기의 발을 가리었고 그 둘로는 날며 서로 불러 이르되 거룩하다 거룩하다 거룩하다 만군의 여호와여 그의 영광이 온 땅에 충만하도다 하더라 … 나여 망하게 되었도다 나는 입술이 부정한 사람이요 나는 입술이 부정한 백성 중에 거주하면서 만군의 여호와이신 왕을 뵈었음이로다 하였더라"(사 1:1-6).

그런데 놀랍게도 신약 성경은 이사야 선지자가 보았던 구약의 여호와 하나님이 십자가에 달려 피 흘리시기 위해 사람이 되어 세상에 오신 예수 그리스도라고 정확하게 설명한다. 사도 요한은 자신이 눈으로 보고, 손으로 만지고, 입으로 대화하였던 예수 그리스도가 이사야 선지자가 성령 안에서 대면하였고, 그 영광에 압도되어 두려움에 떨 수밖에 없었던 그 여호와 하나님이라고 정확하게 설명하였다.

"이사야가 이렇게 말한 것은 주의 영광을 보고 주를 가리켜 말한 것이라"(요 12:41).

여호와라는 이름으로 나타나신 구약의 하나님은 어려운 상황에서도 아브라함이 자기를 확실하고 흔들림 없이 믿는 것을 보시고 의롭다고 인정하셨다. 그리하실 수 있는 근거는 훗날 자신이 사람이 되어 십자가에 달려 아브라함의 죗값을 완전하게 갚으실 자신의 작정이었다. 다시 말해, 훗날의 십자가의 효력을 미리 앞당겨 아브라함에게 적용하심으로 아브라함이 하나님의 자녀로서 영생을 누리기에 합당한 의로운 사람이라고 선언하신 것이다.

구약 성도들에게 대한 하나님의 칭의의 원리를 서철원 박사께서 정확하고 간결하게 설명하였다. 서철원 박사는 구약의 아브라함과 다른 성도들의 의롭다 하심의 원리를 이렇게 해석하였다.

"구약 성도들에게 중보자의 의 곧 구속사역이 전가되어 구원에 이르렀다. 곧 그리스도의 십자가의 피가 시간에 역행해서 구약 성도들에게 적용되고 또 그들의 제사에 적용되어 그들이 구원에 이르렀다 (히 11:40)"(서철원 2018d, 220).

아브라함이 칭의를 얻는 과정과 구약의 율법은 아무런 상관이 없다. 의롭다 하심을 얻기 위해 아브라함은 그 어떤 율법과 조우하지 않았다. 하나님께서 아브라함에게 할례를 받게 하신 것은 창세기 15장에서 의롭다 하심을 받은 후 창세기 17장에서 일어난 일이다.

칼빈도 율법이 아브라함이 얻은 칭의와 아무 연관이 없다고 말했다. 칼빈은 아브라함이 칭의를 얻었을 때 율법은 존재하지 않았고, 이후 400년이 지난 후 율법에 세상에 도입되었다고 했다 (존 칼빈 1559, 1.7.1).

4-2. 이스라엘 백성들의 칭의

하나님은 아브라함의 자손 이스라엘 민족을 예수 그리스도의 구원의 복음을 세상에 도입하기 위한 통로로 쓰시기 위해 특별하게 선택하시고 사용하셨다. 그리스도의 복음이 이스라엘 민족의 역사와 종교를 통해 완성되고 세상에 전파되었으니, 하나님이 사용하신 이스라엘 민족의 신앙적 특별성은 진즉 종결되었다.

그러나 지금도 여전히 이스라엘을 하나님의 특별한 민족이라고 선전하는 사람들이 한국에 많다. 그들은 "하나님의 눈동자는 언제나 이스라엘 민족 위에 머물고 있다. 이스라엘 민족에게 잘하는 민족은 하나님의 복을 받고, 이스라엘 민족에게 해를 끼치는 민족은 하나님의 저주를 받는다"라고 선전하고 있다.

다수의 유대인들은 지금도 그리스도의 복음을 완강하게 거부한다. 심지어 지금 그리스도가 지옥의 똥물에서 고통 당하며 신음하고 있다는 등의 악독한 내용을 포함하는 저명한 유대교의 선생들의 말들을 기록한 탈무드를 하나님의 말씀으로 여긴다. 지금도 유대인들이 하나님의 선민이고 하나님이 가장 복을 주신 민족이라고 보는 사람들 속에는 심각한 우매함이 자리하고 있다.

물론 우리는 이스라엘 민족에게 해를 끼쳐서는 안 되고 그럴 이유도 없다. 그렇다고 이스라엘 나라와 민족에게 잘하여 하나님의 복을 받자는 미련스러운 이스라엘 우상숭배 신앙을 가지는 것은 더욱 우스운 일이다.

세대주의 종말론도 이스라엘 민족 중심의 그릇된 신

앙관과 역사관의 산물이다. 그리스도가 예루살렘으로 재림하시어 왕국과 보좌를 베푸시고 유대인들과 함께 천 년 동안 온 세상을 다스리신다는 천년왕국 사상도 우리는 경계해야 한다.

하나님이 이스라엘 민족을 선택하셨다는 것은 그들의 역사와 종교를 밭으로 삼아 그리스도의 구원의 복음을 키우시고 자라게 하시고 함이었다. 이스라엘 민족 자체가 목적이 아니었다. 그리스도께서 한 사람으로 오셔서 우리의 죄를 담당하는 피를 흘리기 위해 이스라엘의 역사와 종교 시스템이 반드시 필요했다.

특히 그리스도가 오시어 구속 사역을 펼치시기 위해 인간의 죄를 규정하는 율법을 가진 종교와 국가가 필요했다. 율법에 의해 사형으로 정죄된 인간에게 살길을 제시하는 동물의 피 제사(그리스도의 십자가의 그림자)를 수행하는 종교를 신봉하는 나라와 민족이 필요했다. 그것을 위해 아브라함을 부르셨고 그의 자손들로 이스라엘 민족과 국가를 형성시키신 것이다.

그러나 이스라엘 민족 구성원 100%가 하나님의 자녀였고 모두가 다 구원받고 천국 영생을 누리게 되었을까? 그것은 사실이 아니다. 이스라엘 민족 안에서도 구원은 하나님의 택하심과 하나님을 믿게 하시는 은혜에 의해 결정되었다.

사도 바울은 이스라엘 사람들이 모두 구원받는 것이 아니고 하나님의 택하심과 은혜를 따라 개인적으로 구원이 이루어진다고 설명했다.

"그런즉 어떠하냐 이스라엘이 구하는 그것을 얻지 못하고 오직 택하심을 입은 자가 얻었고 그 남은 자들은 우둔하여졌느니라"(롬 11:7).

이스라엘 민족에 속한 모든 사람들이 의롭다 하심을 받은 것이 아니지만, 하나님이 죄인들 가운데 택하여 믿음에 이르게 하시는 사람들에게 의롭다 하심을 주시는 원리는 이스라엘 민족 교회가 형성되는 과정에서 정확하게 드러났다.

하나님은 먼저 모세를 부르시고 자기를 더 알고 바르게 믿게 하셨다. 그리고 비참하게 노예살이하고 있는 애굽의 이스라엘 백성들에게 모세를 보내어 그들이 하나님을 알고 믿게 하셨다.

애굽의 모든 가정의 장자를 죽이시는 심판으로 이스

라엘 백성들을 바로에게서 구출하실 것임을 모든 백성들에게 알리셨다. 애굽의 모든 가정의 장자들의 생명을 취하시는 날이 이르기 전에 이스라엘 백성들에게 양의 피를 각 가정의 문설주에 바르게 하셨다. 하나님은 문설주에 양의 피가 발라져 있는 가정의 장자의 생명을 보전하실 것이라고 말씀하셨다.

"너희 어린 양은 흠 없고 일 년 된 수컷으로 하되 양이나 염소 중에서 취하고 이 달 열나흗날까지 간직하였다가 해 질 때에 이스라엘 회중이 그 양을 잡고 그 피를 양을 먹을 집 좌우 문설주와 인방에 바르고"(출 12:5-7).

"여호와께서 애굽 사람들에게 재앙을 내리려고 지나가실 때에 문 인방과 좌우 문설주의 피를 보시면 여호와께서 그 문을 넘으시고 멸하는 자에게 너희 집에 들어가서 너희를 치지 못하게 하실 것임이니라"(출 12:23).

하나님께서 장자의 생명을 취하신다는 것은 곧 그 가정 전체를 심판하신다는 것이었다. 바로의 집의 장자도 죽임을 당함으로써 바로의 온 가정과 그의 권세와 모든 것에 하나님의 심판이 임한 것이다. 그러나 이스라엘의 가정들에는 하나님의 심판이 임하지 않았다.

하나님께서는 자기를 믿고 자기의 명령대로 양을 잡아 그 피를 문설주에 바르는 이스라엘 백성들에게 훗날 자신이 사람이 되어 십자가에 달려 그들을 위해 흘리실 피의 효력을 소급하여 적용하신 것이다. 자기를 믿는 백성들에게 훗날에 있을 십자가의 효력을 미리 적용하심으로 의롭다 하심을 주신 것이다.

이스라엘 민족이 무슨 율법을 지켜서 의롭다 하심을 얻은 것이 아니다. 그때 이스라엘 백성들에게 양의 피를 문설주에 바르라고 명령하는 율법은 존재하지 않았다. 나중에 제정된 율법에도 양의 피를 문설주에 바르라는 내용은 나오지 않는다.

이스라엘 백성들은 양을 잡아서 그 피를 문설주에 바름으로 하나님 믿음을 스스로 증거하였고, 하나님은 자기를 믿는 그들에게 훗날에 있을 십자가의 은혜를 미리 적용하심으로 하나님 앞에서 살 수 있는 의로운 자라고 인정하여 주셨다.

신약의 교회에서는 오직 그리스도를 믿음으로 의롭다

하심을 받는다. 그리고 그 사실을 공중하는 차원에서
사사로이 행하지 않고 공개적으로 세례를 베풀어 그 사
람을 교회에 가입시킨다. 의롭다 하심을 얻은 자에게
주어지는 그리스도의 살과 피를 기념하는 성찬에 참여
하도록 한다.

　사도 바울은 신약 교회의 이 원리가 구약 이스라엘 민
족의 출애굽 과정에서 이미 드러났다고 설명하였다. 그
리스도의 십자가의 피를 상징하는 양의 피를 문설주에
바르는 믿음으로 하나님의 의롭다 하심을 받은 이스라
엘 민족이 모세의 인도를 따라 죽음의 바다를 통과하고
사람이 살 수 없는 사막을 지나간 것을 신약 교회의 세
례에 비유하였다. 그리고 만나와 반석의 생수를 마신
것을 성찬에 비유하였다.

　"형제들아 나는 너희가 알지 못하기를 원하지 아니하
노니 우리 조상들이 다 구름 아래에 있고 바다 가운데
로 지나며 모세에게 속하여 다 구름과 바다에서 침례를
받고 다 같은 신령한 음식을 먹으며 다 같은 신령한 음
료를 마셨으니 이는 그들을 따르는 신령한 반석으로부
터 마셨으매 그 반석은 곧 그리스도시라"(고전 10:1-4).

구약에서도 신약에서도 죄인을 의롭다고 하시는 하나님의 원리는 오직 하나님을 믿음이다. 아브라함도 이스라엘 백성들도 오직 하나님을 믿음으로 의롭다 하심을 얻었다.

하나님의 입장에서 죄인에게 주신 의롭다 하심의 이유는 훗날 자기의 성육자 예수 그리스도가 달린 십자가이다. 하나님이 친히 사람이 되어 십자가에서 흘리실 속죄의 피의 효력을 미리 앞당겨 자기를 믿게 하신 자들에게 적용하심으로 의롭다 하심을 주신 것이다.

기독교 신앙을 여러 면에서 심각하게 망친 청교도들과 그들의 신학의 영향을 받은 여러 사람들은 십계명이 태초에 아담의 창조와 함께 세상에 왔다고 한다. 훗날의 십계명의 기록된 율법이 아담에게 영생을 주기 위해 아담의 마음에 기록된 상태로 태초부터 세상에 왔다고 한다. 그리고 훗날 시내산에서 돌판에 기록되어 이스라엘 백성에게 주어졌다고 한다 (프롱크 1999, 257-258).

스코틀랜드 최초의 언약신학자이며 나중에 제임스 1세의 국교회 강요 정책에 순응하여 신앙의 변절을 일으킨 로버트 롤록도 하나님이 아담을 창조하실 때 그의 마음에 율법을 새기셨고 그것을 지키게 하셨다고 했다 (우병훈 2016, 124).

그리고 웨스트민스터 신앙고백은 아담이 영생을 얻도록 하나님이 그에게 주신 율법은 영원하고 완전한 의의 규칙이며, 나중에 돌판에 기록되어 이스라엘 백성들에게 주어졌다고 한다 (WCF 19:2).

그렇다면 아담이 간음하지 않도록 주의했어야 할 요염하고 아름다운 이웃의 아내는 그때 어디에 있었는가? 아담이 공경했어야 할 육신의 부모는 에덴동산 어디에 살고 있었는가? 그의 부모는 에덴동산 밖에 살았는가? 아담이 거짓 증거로 해악을 끼칠 수도 있는 이웃들은 또 어디에 있는가?

태초부터 사람이 하나님의 의롭다 하심을 얻어 영원한 생명을 누리게 하는 율법이 아담과 함께, 아담의 마음에 기록되어 세상에 왔다는 것은 성경을 아는 사람이라면 인정할 수 없는 사변이다.

그것은 아담이 부족한 상태로 창조되어 자기의 완성을 위해 노력하며 앞으로 전진하며 스스로 자기를 완성하도록 창조되었다는 뜻이다. 그러면 하나님이 그토록 아담을 저주하시고 사형에 처하시게 된 이유가 사라진다. 하나님이 아담에게 모든 것을 다 주시지 않았고, 아담을 하나님의 완전한 은혜와 사랑을 받지 못한 상태에서 창조하셨다는 것이다.

정말 그랬다면, 아담은 자신의 노력과 행위의 공덕으로 자신을 완성하는 존재의 상승을 이루어야 했다. 그렇다면 아담의 죄라는 것은 단지 자기의 완성을 도모하지 못했고, 자기의 노력으로 미래의 행복을 위한 존재의 도약에 실패했을 뿐이다.

그렇다면 아담이 하나님의 저주를 받을 특별한 이유가 없다. 대체 왜 아담이 하나님의 저주를 받아야 하는가? 청교도들이 많이 신봉했던 이러한 창조 이론에 의하면 아담을 저주하여 사망에 이르게 하신 하나님의 공의가 우스워진다. 왜냐하면 아담은 단지 자신에게 더 좋은 기회를 주시는 하나님의 기대에 부합하지 못했을 뿐이었다.

우리가 처음 그리스도를 알고 믿을 때부터 그토록 경계하라고 배웠던 아담의 죄가 정말 그런 것이었는가?

기껏 자기를 더 발전시켜 행복을 누리게 하시는 하나님의 지도를 성실하게 따르지 않았던 것이 아담의 죄였는가?

율법이 아직 죄가 들어서지 않았을 때, 아담과 함께 처음부터 세상에 도입되었다는 주장은 이와 같이 기독교 신앙을 치명적으로 파괴한다. 그리스도의 능동적 순종 교리는 이와 같이 성경을 대적하는 율법주의에 충성을 바치는 거짓 신학이다.

율법이 온 목적은 죄인들이 하나님을 믿어 의롭다 하심을 받은 후 하나님의 뜻에 합당하게 사는 삶을 가르치는 것이었다. 그리고 율법은 죄인이 하나님의 의롭다 하심을 얻기 위해 반드시 그리스도의 속죄 사역이 필요하다는 사실을 명시하기 위해 세상에 왔다.

4-3. 신약 교회의 칭의

신약 교회를 설립한 사도들도 죄인이 하나님의 의롭다 하심을 받는 것과 율법이 직접 연관되었다고 생각하지 않았다. 신약의 사도들은 오직 그리스도의 구속 사역이 죄인에게 적용됨으로 하나님이 그 사람을 의롭다 하시는 선언이 가능해진다고 보았다.

그래서 신약의 사도들은 그리스도의 구속 사역을 죄인들에게 선포했다. 그리스도의 구속 사역을 전해 듣는 죄인에게 성령이 역사하여 십자가 복음을 믿고 그리스도를 주를 영접하면 하나님이 그 사람을 의롭다고 인정하여 주시는 구원의 진리를 힘써 담대히 증거하였다.

"베드로가 이르되 너희가 회개하여 각각 예수 그리스도의 이름으로 침례를 받고 죄 사함을 받으라 그리하면 성령의 선물을 받으리니"(행 2:38).

신약의 사도들은 영혼 구원을 위해 율법을 선포하거나 율법을 가르치는 일을 먼저 하지 않았다. 언제나 사람들에게 예수 그리스도의 구속 사역을 설명하고 전파하였다. 왜냐하면 그리스도께서 대신 저주받고 죽으심으로 우리의 죗값을 갚으셨다는 은혜의 복음을 증거하고, 성령이 택자에게 역사하여 그 복음을 믿게 하심으로 하나님의 칭의가 이루어지는 것을 사도들은 분명하게 알고 있었기 때문이다 (서철원 2018c, 29).

그러므로 영혼 구원을 위해 그리스도의 은혜의 복음을 증거하려고 힘쓰는 대신, 먼저 하나님의 저주와 심판의 율법을 증거하고 설명해야 한다는 이론은 신약 교회의 신앙에서 벗어나는 부당한 사상이다. 현재 한국의 개혁교회들 속에 여기에 해당되는 것 두 가지가 있다. 하나는 회심준비론이고, 또 하나는 그리스도의 능동적 순종 교리이다.

예장 합동의 2022년 총회는 청교도들이 강조했던 회심준비론(준비교리)을 전파하는 무리들에 대해 '교류금지'를 결의하였다 (정이철 2022a). 그리스도의 능동적 순종 교리에 대해서는 여전히 혼란과 논쟁이 진행되고 있으나 주목할 만한 사실은 예장 합동이 2년 연속 성경적 근거가 없는 그릇된 교리라는 입장을 고수했다는 점이다 (정이철 2022d).

회심준비론의 핵심은 목회자가 영혼 구원을 위해 그리스도의 죄용서의 복음을 먼저 전하지 말고, 죄를 지적하고 책망하는 율법을 먼저 선포해야 한다는 것이다. 그리하면 성령의 역사로 죄에 대한 각성이 일어난다고 한다. 죄인의 마음이 가난해지고 자기의 죄를 애통함으로 구원으로 가는 길이 준비된다고 한다 (정성우 2021, 39-40; 조엘 비키 & 폴 스몰리 2013, 28).

회심준비론은 죄인의 영혼을 각성시켜서 죄인이 죄를

깨닫고 슬퍼하는 가운데 그리스도의 은혜와 구원을 열망하는 상태가 이루어지는 성령의 역사가 시작되도록 먼저 죄에 대한, 그리고 하나님의 진노에 대한 율법 선포가 반드시 필요하다는 이론이다.

그리스도의 능동 순종은 그리스도께서 율법을 지키지 못하는 죄인을 대신해서 율법을 완전하게 지켜 영생의 자격이 되는 율법의 의를 획득하셨고, 후에 그것을 자기를 믿는 자들에게 전가하여 죄인이 하나님으로부터 의롭다고 인정된다는 신학이다. 이 둘은 사실상 같은 본질이다.

이 두 가지 신학이 잉글랜드 국교회 청교도 윌리엄 퍼킨스(William Perkins, 1558-1602)에게서 시작되었다. 영국 청교도주의 신학의 아버지라 불리우는 퍼킨스가 1592년에 쓴 책 〈황금사슬〉 속에 다음과 같이 회심준비론 사상이 나타나 있다.

"만약 당신이 영생을 간절히 원한다면, 먼저 율법의 계명을 가지고 당신 자신과 당신이 행하는 길을 살펴봐야 한다. 또한 당신이 죄를 알 때에 죄인들이 당해야 하는 저주를 눈으로 보아야 하는데, 당신의 비참을 슬퍼하고 사람에게 소망을 두지 않고 전심으로 자신을 포기하게 하기 위한 것이다. 또한 그리스도 예수를 찾으며 갈구하게 하기 위한 것이다"(퍼킨스 1592, 275-276).

퍼킨스의 이 내용 다음 문장이 "중생된 자들에게 율법의 용도는 전혀 다른 것이다"(퍼킨스 1592, 276) 라고 시작하는 것으로 보아, 위의 퍼킨스의 말을 중생되지 못한 자들에 대한 율법의 용도를 설명한 것이 분명하다.

퍼킨스의 중생을 위한 율법의 기능에 대한 말은 영혼 구원을 위해 신약의 사도들이 강조했던 것과 완전히 다르다. 신약의 사도들은 오직 그리스도께서 대신 죗값을 갚으시기 위해 십자가에 달려 저주의 죽음을 당했다는 그리스도의 구속 사역만 처음부터 전파했다.

"내가 너희 중에서 예수 그리스도와 그가 십자가에 못 박히신 것 외에는 아무것도 알지 아니하기로 작정하였음이라"(고전 2:2).

율법에 관하여 당대 최고 권위자였던 사도 바울도 영혼 구원을 위해 그리스도의 십자가의 속죄 사역을 전파하는 것에만 주력하였다.

퍼킨스는 우리가 그리스도를 믿어 하나님의 의롭다 하심을 얻는 것에도 율법이 매우 중요한 역할을 한다고 가르쳤다. 그리스도께서 '십자가에 달려 죽으신 것' 외에 '율법을 지키신 순종하심'이 우리를 의롭게 만들었다고 가르쳤다.

"칭의는 두 가지를 내포한다. 첫째는 그리스도의 죽으심의 공로를 통해 누리는 죄의 용서이고, 둘째는 그리스도의 의의 전가이다"(Perkins 1626, 567; 신호섭 2016, 92).

"그리스도와 그 분의 의에 대해 우리는 두 가지를 이해해야 한다. 첫째는 그리스도의 수난과 죽음에 나타난 그 분의 고난이다. 둘째는 율법을 성취하시는 데서 드러난 그 분의 순종이다. 이 둘은 함께 간다"(Perkins 1626, 567; 신호섭 2016, 93).

그러나 우리가 하나님의 칭의를 얻어 하나님의 자녀가 되고 영생을 누리는 일에 율법이 직접 연관하는 일이 없다는 사실은 너무도 명백하다. 사도들은 율법으로는 영생을 위한 의를 얻을 수 없다는 사실을 명확하게 가르치고 선포했다.

"또 모세의 율법으로 너희가 의롭다 하심을 얻지 못하던 모든 일에도 이 사람을 힘입어 믿는 자마다 의롭다 하심을 얻는 이것이라"(행 13:39).

사도들은 모세의 율법으로 영생의 의를 얻지 못한다고 가르쳤을 뿐 아니라, 죄인들이 의롭다 하심을 얻어 영원한 생명을 누리도록 언제나 그리스도의 속죄사역과 죄용서의 복음을 전파하였다.

"그 흩어진 사람들이 두루 다니며 복음의 말씀을 전할 새"(행 8:4).

"두 사도가 주의 말씀을 증거하여 … 여러 촌에서 복음을 전하니라"(행 8:25).

"빌립이 입을 열어 이 글에서 시작하여 예수를 가르쳐 복음을 전하니"(행 8:35).

"빌립은 아소도에 나타나 여러 성을 지나 다니며 복음을 전하고"(행 8:40).

"내가 달려갈 길과 주 예수께 받은 사명 곧 하나님의 은혜의 복음을 증언하는 일을 마치려 함에는 나의 생명조차 조금도 귀한 것으로 여기지 아니하노라"(행 20:24).

사도들은 영혼들이 의롭다 하심을 얻도록 그리스도의 속죄의 사역을 전파했을 뿐 아니라 율법으로 영생의 의를 얻는 것이 원천적으로 불가능하다는 사실을 더욱 공격적으로 가르치고 논증했다.

"하나님 앞에서 아무도 율법으로 말미암아 의롭게 되지 못할 것이 분명하니 이는 의인은 믿음으로 살리라 하였음이라"(갈 3:11).

"만일 능히 살게 하는 율법을 주셨더라면 의가 반드시 율법으로 말미암았으리라"(갈 3:21).

"율법은 아무것도 온전하게 못할지라 이에 더 좋은 소망이 생기니 이것으로 우리가 하나님께 가까이 가느니라"(히 7:19).

죄인이 하나님의 칭의를 얻는 것과 모세의 율법은 아무 상관이 없다는 것이 신약 교회의 정당한 신앙이다. 의롭다 하심에 대한 이 성경의 진리가 변경되면 교회는 필히 멸망에 이르게 된다.

이미 멸망해 버린 로마교회를 보라! 사람이 자유의지로 예수를 믿어 구원받을 준비가 이루어지면 신부들이 영세(세례)를 행하여 원죄를 제거하고 의화되게 한다고 한다. 그리고 이후 로마교회의 가르침대로 살아야 하고, 늘 회개하고 순종하면 그 상태가 계속 유지된다고 한다.

로마교회와 알미니안들과 웨슬리안들은 칭의를 얻은 사람이라도 이후 믿음이 떨어지고 바르게 살지 못하면 하나님이 주신 칭의가 상실되어 다시 지옥으로 떨어진다고 한다. 그리스도의 구속 사역의 적용으로만 이루어지는 칭의, 즉 오직 그리스도를 믿고 영접하는 자에게 주어지는 하나님의 의롭다 하심을 모르면 이런 유형의 수렁에 빠지는 것은 당연한 이치이다.

그러므로 성경을 바르게 가르치는 학자들은 율법 준수와 하나님의 의롭다 하심이 전적으로 무관하다고 확실하게 가르친다. 율법을 지켜서 칭의를 얻고자 하는 시도가 원천적으로 불가하다는 점을 분명하게 지적한다. 칼빈과 박윤석 박사와 서철원 박사의 율법과 칭의에 대한 설명을 보자.

"그래서 사도행전 13장에 있는 바울의 설교에 이런 말이 있다. '너희가 알 것은 이 사람을 힘입어 죄 사함을 너희에게 전하는 이것이며 또 모세의 율법으로 너희

가 의롭다 하심을 얻지 못하던 모든 일에도 이 사람을 힘입어 믿는 자마다 의롭다 하심을 얻는 이것이라'(행 13:38-39). 여기를 보면 죄의 용서를 말한 후에, 그에 대한 해석으로 의롭다고 인정한다는 말을 한다. 의롭다고 인정하는 것을 분명히 죄의 사면으로 해석하며, 의롭다 함을 율법의 행위에서 분리시키고 있다"(존 칼빈 1559, 3.11.3).

"후대에 들어온 율법은 성질상 은혜 언약과 교체하려

는 것이 아니었고 다만 '범법함을 인하여 더한 것'이다. 여기서 '범법함을 인하여 더한 것'이라 함은 인생들로 하여금 그 범죄한 것이 많음을 알도록 하기 위하여 율법을 주셨다는 뜻이다(롬

4:15, 5:20). 그러면 율법의 목적은 새로운 구원 방법을 제시함이 아니고 인간으로 하여금 죄를 깨닫게 함에만 있다"(박윤선 2015, 126).

"율법의 기능은 죄를 알게 해 주는 것이다. 율법은 죄를 깨닫게 해 준다. 율법은 이러이러한 것을 행하면 범죄라고 지적하고 교훈한다. 그러므로 내 죄가 얼마나 크고 무서운 것인지를 율법이 알려준다. 내 양심에 가책을 일으켜서 죄를 알도록 하고, 내가 얼마나 큰 죄인인지를 알게 한다.

율법은 살리고 구원하는 기능은 없고 정죄하고 죽이는 기능을 갖는다. 사람은 그 죄성으로 말미암아 율법의 요구와 명령을 지킬 수가 없다. 그런데 율법의 명령을 지키지 않으면 율법은 사람을 정죄하고 저주한다. 이 정죄와 저주가 어떠한 것임을 율법은 밝힌다"(서철원 2019, 48-49).

- 5장 -

그리스도와의 연합 : 적극적인 의

- 5장 -

그리스도와의 연합 : 적극적인 의

5. 그리스도와의 연합 : 적극적인 의

그리스도의 능동적 순종 교리를 주장하는 학자들은 매우 중요한 한 가지 사실을 놓쳐버렸다. 기독교 신앙과 구원을 가능하게 만드는 가장 핵심적인 사실 말이다. 그들은 죄인을 의인으로 만들어 주는 하나님의 풍성한 은혜가 구체적으로 어디에서 어떻게 나타나는지를 모르고 있다.

이 교리를 주장하는 학자들은 어리석게도 우리 죄인들을 천국 영생을 누리기에 합당한 의인으로 만들고자 그리스도께서 모세의 율법을 준수하셨다고 한다. 이들이 말하는 칭의신학을 다르게 말하면 다음과 같다.

"모세의 율법이 자기에게 복종한 그리스도를 통해 우리를 의인으로 만들어 준다."

그리스도의 능동적 순종 교리에 의하면 원래 각 사람이 율법을 지켜서 율법이 주는 의로 무장되어야만 천국 영생에 들어갈 수 있다. 그러나 아담 안에서 죄인으로 태어난 우리가 율법을 완전하게 지키는 것은 절대로 불가능하다.

그래서 하나님께서 특단의 대책을 세우셨다. 하나님 자신이 율법을 완전하게 지키시기 위해 죄성이 없는 거룩한 사람으로 오시었다. 그가 우리의 대표가 되시어 모세의 율법을 완전하게 지키는 공로를 쌓으셨다. 그리스도께서 율법의 의를 획득하신 것이다.

그리고 하나님께서는 우리가 그리스도를 믿으면 그리스도께서 율법준수 공덕으로 얻으신 율법의 의를 우리가 전가 받게 하셨다. 이것이 그리스도의 능동적 순종 교리이다. 결국 율법이 자기에게 복종한 그리스도를 통하여 우리에게 의로움을 준다는 것이다.

그러나 사도 바울은 이들과 달리 그리스도를 믿고 동시에 율법을 지켜서 의를 얻는다는 신학을 막고 대적하기 위해 자기 목숨을 걸었다. 따라서 유대인들과는 철천지 원수가 되어 온갖 고생을 다하게 되었다.

만일 사도 바울이 그리스도를 믿음으로만 의롭다 하심을 얻는다고 전하지 않고 그리스도를 믿고 동시에 율법을 지킴으로 의를 얻는다고 선전했다면, 유대주의자들로부터 다음과 같은 모진 핍박을 받았을까?

"유대인들에게 사십에서 하나 감한 매를 다섯 번 맞

앉으며 세 번 태장으로 맞고 한 번 돌로 맞고 세 번 파선하고 일 주야를 깊은 바다에서 지냈으며"(고후 11:24, 25).

사도 바울에게는 그리스도를 믿으면서 율법도 지키자는 사상은 용납할 수 없는 가증한 것이었다. 갈라디아에 잠입하여 그런 주장을 하는 자들을 향하여 사도 바울은 "다른 복음을 전하면 저주를 받을지어다"(갈 1:9)라고 말하였다.

왜 사도 바울은 죄인이 하나님의 의롭다 하심을 얻는 것을 그리스도를 믿는 것에 기반을 두면서 모세의 율법을 조금 첨가하는 것을 참지 못하였을까? 왜 그것을 유대교의 율법주의와 동일한 이단사상으로 판정하고 목숨 걸고 막았을까? 그리스도를 믿지 말자는 것도 아니고 그리스도를 믿으면서 율법도 지키자는 것인데, 왜 그랬을까?

그리하면 기독교 신앙의 모든 것인 그리스도의 속죄 사역의 유일한 공로가 무너지기 때문이다. 그리되면 기독교의 절대적 가치인 십자가의 보혈의 공로가 허물어지기 때문이다. 구원은 전적으로 그리스도의 속죄 사역으로 말미암는다. 이것이 훼손되면 기독교는 더 이상 기독교일 수 없다. 그래서 바울은 오직 그리스도의 십자가만 전하였다.

"우리는 십자가에 못 박힌 그리스도를 전하니 유대인에게는 거리끼는 것이요 이방인에게는 미련한 것이로되"(고전 1:23).

"내가 너희 중에서 예수 그리스도와 그가 십자가에 못 박히신 것 외에는 아무것도 알지 아니하기로 작정하였음이라"(고전 2:2).

어떤 사람들은 그리스도의 십자가의 공로가 우리에게서 하나님의 저주와 지옥의 형벌을 벗겨주는 것에 불과하다는 능동적 순종 교리 주장자들의 말에 어느 정도 일리가 있다고 한다. 그리스도의 십자가는 뭔가 더 좋은 것을 우리에게 얻게 해주는 것이라기보다, 우리에게 있는 나쁜 것을 떼어주는 것 같다고 한다.

그러나 그런 생각이나 말은 그리스도의 속죄로 인해 어떤 놀라운 일이 더불어 나타나는지 몰라서 하는 말이다. 그리스도께서 십자가를 통해 우리의 죄를 완전하게 사하셨다는 사실이 단지 우리에게 죄용서만 주고 끝나는 것을 뜻하는 것이 전혀 아니다.

그리스도께서 십자가의 피로 완전한 속죄를 이루어 주심으로 하나님과 우리 사이를 가로막던 죄의 장벽이 사라졌다. 죄의 장벽이 사라짐으로 우리는 하나님과 화해되었고, 또한 하나님과 연합되었다.

"그는 우리의 화평이신지라 둘로 하나를 만드사 원수된 것 곧 중간에 막힌 담을 자기 육체로 허시고"(엡 2:14).

"이 예수를 하나님이 그의 피로 인하여 믿음으로 말미암는 화목제물로 세우셨으니 이는 하나님께서 길이 참으시는 중에 전에 지은 죄를 간과하심으로 자기의 의로우심을 나타내려 하심이니"(롬 3:25).

"곧 우리가 원수 되었을 때에 그 아들의 죽으심으로 말미암아 하나님으로 더불어 화목되었은즉 화목된 자로서는 더욱 그의 살으심을 인하여 구원을 얻을 것이니라"(롬 5:10).

그리스도의 대신 속죄를 만족하게 받으신 하나님이 어떻게 자신과 우리를 하나로 연합시키셨는가? 그 구체적인 원리는 무엇일까? 성령을 그리스도의 이름으로 죄용서 받은 자들에게 부어주심이다. 그리스도의 이름으로 오신 성령 안에서 십자가의 피로 죄용서 받은 자들이 하나님과 연합되었다.

"보혜사 곧 아버지께서 내 이름으로 보내실 성령 그가 너희에게 모든 것을 가르치고 내가 너희에게 말한 모든 것을 생각나게 하리라"(요 14:26).

성령이 죄용서 받은 자에게 십자가에서 피 흘리신 그리스도의 이름으로 오셨다는 사실에 대해 서철원 박사는

서철원 박사 총신대

이렇게 설명하였다.

"우리에게 실제로 오신 분은 성령이셔도 우리는 그리스도를 모심으로 체현한다. 요컨대 성령은 그리스도의 사역을 적용함으로 그리스도의 사역을 계속하시고 연장하신다"(서철원 2005, 288).

성령이 죄용서 받고 하나님과 화해된 신자들에게 그리스도의 이름으로 오시니 내 죗값을 친히 담당하여 주신 성자 하나님 예수 그리스와 내가 연합되었다. 그리고 성부는 성자, 성령과 영원히 분리되지 않으시고, 성자는 성부, 성령과 영원히 분리되지 않으신 삼위일체의 신비 안에서 우리가 하나님과 연합되었다.

성령이 십자가를 지고 죽으신 후 부활하신 예수 그리스도의 이름으로 우리에게 오셨다는 사실이 의미하는 또 다른 중요한 것이 있다.

하나님은 자기를 창조하는 거룩한 백성을 가지시고자 창조를 이루셨다. 그러나 아담의 타락으로 하나님의 창조는 심각하게 훼손되고 말았다. 그럼에도 하나님은 자기를 찬송하는 거룩한 한 백성을 만드시고 가지시려는 자신의 창조의 목적을 포기하지 않았다. 자기 자신이 친히 죄로 죽은 타락한 백성들의 죗값을 담당하시고 그들을 살려 자기 백성 되게 하시려는 작정을 가지셨다.

성자께서 성부의 그 작정을 이루시기 위해 성육신하시어 자기 목숨값으로 성부께서 택하신 백성들을 죄로부터 건지셨다. 그리고 성령을 성부 하나님이 작성하신 대로 구속 사역을 이루신 성자의 이름으로 파송하심으로 자기를 찬송하는 거룩한 자기 백성을 만드시고 그 가운데 친히 거주하시려는 창조의 목적이 이루어진 것이다 (서철원 2018b, 43).

"첫 언약으로 목표하신 것이 종말에서 성취된다. '보라 하나님의 장막이 사람들과 함께 있으매 하나님이 저희와 함께 거하시리니 저희는 하나님의 백성이 되고 하나님은 친히 저희와 함께 계셔서'(계 21:3). 종말에 하나님께서 인류를 구원하사 자기 백성을 삼으시고, 그들 중에 장막을 치시고 사신다. 즉 인류 안에 거하신다. 이로써 하나님의 창조 경륜을 언약의 체결을 통하여 마침내 이루어 내신다"(서철원 1996, 36).

또 성경은 우리에게 오신 성령을 예수의 영이 오신 것으로, 주의 영이 오신 것으로도 말한다.

"성령이 아시아에서 말씀을 전하지 못하게 하시거늘 브루기아와 갈라디아 땅으로 다녀가 무시아 앞에 이르러 비두니아로 가고자 애쓰되 예수의 영이 허락지 아니하시는지라"(행 16:6,7).

"베드로가 가로되 그 땅 판 값이 이것뿐이냐 내게 말하라 하니 가로되 예 이뿐이로라 베드로가 가로되 너희가 어찌 함께 꾀하여 주의 영을 시험하려 하느냐"(행 5:8,9).

우리에게 오신 성령을 예수의 영, 주의 영으로 말하는 것은 십자가에서 나를 대신하여 죽으심으로 나의 죗값을 갚으시고 나의 죄가 용서되었음을 확증하시기 위해 부활되신 그리스도의 사역이 성령을 통해 나에게 적용되었다는 뜻이다. 그리스도의 몸이 죄에 대해 죽었을 때 나도 함께 죽은 것으로, 그리스도의 몸이 다시 사실 때 나도 죄에서 벗어나 새 사람으로 다시 일어났다는 뜻이다.

성령과 성자는 삼위일체 안에서 서로 다른 독립된 인격이시나, 성령이 그리스도의 이름으로 내게 오시었으니 이제 나는 성자 하나님과 연합되었다. 이 연합은 영원히 깨어지지 않는다. 성자 하나님이 친히 희생하심으로 이루어진 연합이니 아무도 이 연합을 훼손할 수 없다.

이것이 우리 죄인들을 하나님 앞에서 의인으로 인정되게 만드는 은혜이다. 그리스도의 능동적 순종 교리를 주장하는 학자들은 바로 이것, 죄용서로 말미암은 하나님과의 연합이 우리를 의인 되게 하는 신비라는 사실을 모른다. 율법이나 다른 것이 우리에게 적극적인 의가 되어준 것이 아니고 바로 하나님과의 연합이 우리를 하나님 앞에서 적극적으로 의인 되게 하는 것이다.

그러나 그리스도의 능동적 순종 교리를 주장하는 학자들은 그 귀한 것을 밀치고, 대신 썩은 종이쪽지보다 못한 율법의 의를 붙들었다. 그러나 죄인을 천국 영생을 누리기에 합당한 의인으로 만드는 율법은 처음부터 없었다. 십자가로 용서받은 죄인에게 천국 영생을 누리게 만드는 적극적인 의로 작용하는 율법준수의 의라는 것은 신구약 성경 어디에도 없다.

그리스도의 능동적 순종 교리를 주장하는 학자들은 성령이 우리의 죄를 속하신 그리스도의 이름으로 오셨다는 사실의 의미를 모른다. 그러니 기독교 신앙을 안다고 할 수가 없다. 예수의 영으로 오신 성령으로 말미암아 우리가 그리스도와 연합됨으로 거룩하신 하나님의 의가 내 속으로 들어오셨고, 나의 소유가 되어주셨다는 사실을 저들은 전혀 모른다. 그러니 기독교인이라고 할 수가 없다.

"복음에는 하나님의 의가 나타나서 믿음으로 믿음에 이르게 하나니 기록된바 오직 의인은 믿음으로 말미암아 살리라 함과 같으니라"(롬 1:17).

"곧 예수 그리스도를 믿음으로 말미암아 모든 믿는 자에게 미치는 하나님의 의니 차별이 없느니라"(롬 3:22).

그리스도를 믿는 자들을 하나님이 의롭다 하시는 이유는 바로 이것이다. 친히 우리 죄인들의 의가 되시려고 우리와 같은 사람이 되신 성육신의 신비로 말미암는 하나님의 비밀이다. 하나님이 자기의 거룩하심을 주 무기로 삼아 우리를 죄에서 건지시고 또 그것으로 우리를 의인으로 변화시켰다. 구원이 율법이나 우리의 노력의 행위 때문이 아니고, 오직 '하나님의 의'로 된다는 것은 바로 이 뜻이다.

그리스도의 속죄 사역과 피 흘리심으로 나와 하나님 사이의 죄의 장벽이 사라져 하나님과 하나로 연합되었음을 왜 모르고, 죄용서 받은 우리에게 더 필요하다는 적극적인 율법의 의를 외치는 것인가? 그것은 기독교인이라면 결코 할 짓이 아니다. 그리스도의 속죄 사역의 공로로 말미암아 나에게 그리스도의 이름으로 오신 성령을 받아 예수 그리스도와 연합됨이 우리의 적극적인 의이다.

능동적 순종 교리를 신봉하는 학자들은 마귀의 손바닥이 눈을 가리고 있으므로 기독교의 심장을 모른다. 그래서 십자가 외 다른 적극적인 의가 필요하다고 하면서 이상한 율법의 의를 주장하는 것이다. 참으로 답답한 일이다.

"복음에는 하나님의 의가 나타나서 믿음으로 믿음에 이르게 하나니 기록된바 오직 의인은 믿음으로 말미암아 살리라 함과 같으니라"(롬 1:17).

"곧 예수 그리스도를 믿음으로 말미암아 모든 믿는 자에게 미치는 하나님의 의니 차별이 없느니라"(롬 3:22).

이와 같이 성경은 예수 그리스도의 복음이 모든 믿는 자들에게 하나님의 의를 선물한다고 말한다. 그래서 사도 바울은 예수 그리스도의 복음 외에 다른 모든 것을 배설물로 여기게 되었다고 고백했다 (빌 3:8). 능동적 순종 교리에서 벗어나지 못하는 교수들은 왜 이 귀하고 귀한 하나님의 의를 거부하고 마른 막대기만도 못한 율법의 의를 사랑하는가?

이러니 그리스도의 능동적 순종 교리가 그리스도의

십자가 복음을 대적하는 사악한 사탄의 거짓 신학인 것이다. 그래서 서철원 박사는 그리스도께서 율법준수를 통해 우리를 의인 되게 만들었다고 주장하는 신학을 그리스도의 십자가의 구속을 허무는 이단신학이라고 비판하였다.

"이것은 후기 유대교의 주장과 같다"(서철원 2021).

이와 같이 그리스도의 능동적 순종 교리를 개혁교회 속으로 들어온 유대주의 신학이라고 날카롭게 비판하였다.

평소 이단이라는 단어를 사용하지 않는 서철원 박사가 이 교리를 이처럼 심각하게 비판하는 이유는 그리스도께서 속죄 사역으로 죄의 장벽을 허무시고, 자기의 이름으로 성령을 우리에게 부으심으로 하나님과 우리가 하나로 연합되게 하는 하나님의 위대한 복음을 대적하는 거짓 교리이기 때문이다.

그리스도 안에 있는 하나님의 거룩하심이 우리의 의가 되게 하여주신 하나님의 거룩한 구속 경륜을 파괴하는 사악한 교리이기 때문이다.

그리스도가 율법을 완전하게 지켜서 얻으신 적극적인

의를 우리에게 전가했다고 주장하는 그리스도의 능동적 순종 교리를 고집하는 교수들은 그리스도의 속죄를 우리에게 적용하는 성령 안에서 이루어지는 하나님과 우리의 연합의 신비로 관심을 돌려야 한다. 그렇게 되지 않으면 필히 성경적 기독교 신앙과 무관한 인생으로 끝을 보게 된다.

능동적 순종 교리에 세뇌되어있는 교수들이 칼빈의 〈기독교강요〉와 다른 저술들을 정직한 눈으로 찬찬히 다시 읽어야 한다. 칼빈의 신학을 왜곡시키지 말고 정직하게 보아야 한다. 그리스도가 율법을 준수하여 얻으신 율법의 의를 우리에게 전가하여 우리를 의롭게 만들었다는 이론과 칼빈의 신학과 무관한다.

이 교리를 주장하는 많은 학자들이 칼빈이 비록 자신들과 동일한 용어를 사용하지 않았을지라도 자신들과 같이 율법주의 신학을 가졌었다고 한다. 그러나 엄밀하게 말하면 그들의 그런 말들은 칼빈에 대한 범죄이고 심각한 명예훼손이다.

칼빈은 그리스도가 율법의 의를 얻어서 우리에게 전가했다고 가르치지 않았고, 반대로 그리스도의 속죄로

인해 죄인이 그리스도에게 신비하게 연합되었다고 강
조했다. 그 연합으로 우리가 그리스도의 몸에 접붙여지
니 하나님이신 그리스도의 의가 우리에게 전가된다고
하였다.

"우리의 마음속에 그리스도가 내주하심을 간단히 말
하면, 신비로운 연합을 우리는 최고로 중요시한다. 그
리스도는 우리의 소유자가 되심으로써 그가 받은 선물
을 우리도 나눠 가지게 하신다. 그러므로 우리가 우리
밖에 계신 그리스도를 멀리서 바라봄으로써 그의 의가
우리에게 전가되는 것이 아니라, 그를 옷 입으며 그의
몸에 접붙여지기 때문에, 간단히 말해서 그가 우리를
자기와 하나로 만드시기 때문에 그의 의가 우리에게 전
가된다"(존 칼빈 1559, 3.11.10).

능동적 순종 교리를 주장하는 학자들은 더 이상 칼빈
에 대한 명예훼손죄를 범하지 말아야 한다. 그리스도의
속죄로 말미암아 우리가 그리스도에게로 받아들여지
고, 그래서 그리스도의 본래의 의가 우리에게 전가되어
진다는 것이 칼빈의 칭의 신학이다.

서철원 박사도 단지 그리스도의 속죄 사역으로 이루

어진 죄의 용서로만 우리의 칭의를 설명하지 않는다. 죄용서와 그리스도와의 연합이 손바닥의 양면처럼 같이 연동하는 것임을 언제나 설명한다.

"물론 우리가 부름받은 목표점이 그리스도와의 연합이다. 그러나 연합은 믿음고백에서 이루어지는 것으로 보아야 한다. 믿음 고백으로 의롭다함과 연합이 이루어진다. 믿음고백 이전에 연합이 이루어진다고 하는 주장은 부당한 논의이다"(서철원 2018c, 56).

"그리스도와의 연합이 거듭남과 믿음고백에 이어진다고 할 때에 시간적인 경과를 말하기 어렵다. 그것은 죄용서와 의롭다 하는 선언과 동시적이라고 해야 한다. 시간적인 순서를 말한다면, 믿음고백을 할 때 죄용서가 이루어지고 의롭다 하는 선언이 온다. 믿음고백과 동시에 그리스도와의 연합이 이루어진다고 해야 정확하고 믿음의 진리와 일치한다"(서철원 2018c, 159).

- 6장 -
다시 율법으로 빠진 개신교

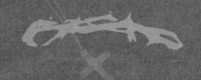

- 6장 -

다시 율법으로 빠진 개신교

6. 다시 율법으로 빠진 개신교

그동안 수없이 말한 것처럼, 그리스도의 능동적 순종 교리의 근거를 성경에서는 찾을 수가 없다. 하나님께서 타락한 자기 백성들의 신앙과 삶을 그리스도에게로 이끄시기 위해 보내신 율법 속에는 죄인을 의롭게 만드는 기능이 처음부터 장착되지 않았기 때문이다. 하나님께서 율법에 장착시키신 기능은 오직 '타락한 인간이 행하는 죄를 죄로 규정하여 심판을 경고하는 것'이다. 그리고 동시에 '죄인은 반드시 자기 죗값을 갚아야 하므로 반드시 사망'에 이르게 된다고 무한히 정죄할 뿐이다.

"죄가 율법 있기 전에도 세상에 있었으나 율법이 없을 때에는 죄를 죄로 여기지 아니하느니라"(롬 5:13).

"하나님 앞에서 아무도 율법으로 말미암아 의롭게 되지 못할 것이 분명하니 이는 의인은 믿음으로 살리라 하였음이라"(갈 3:11).

율법의 기능이나 다른 무엇으로 보아도 그리스도의 능동적 순종 교리는 성경적 기독교 신앙의 한 부분이 되지 못한다. 그런데 '오직 성경'(sola scriptura)을 핵심적 원리로 삼았던 종교개혁자들의 신학을 따르는 교회들 속으로 왜 이 교리가 들어와서 차돌처럼 박혀버렸을까? 종교개혁을 통해 회복된 신학(개혁된 신학)을 유럽의 개신교회들 속으로 정착시키는 일을 수행했던 시기의 개신교 신학자들이 중대한 실수를 범했기 때문이다.

6-1. 개혁신학(칼빈주의)

루터(Martin Luther, 1483-1546)로부터 시작된 종교개혁을 실질적으로 완성한 사람은 존 칼빈(John Calvin, 1509-1564)이다. 루터는 너무도 귀한 믿음의 사람이었으나 로마교회의 신부로 살아온 사람으로서의 한계가 있었다. 자기에게 오래 배어있는 로마교회의 비성경적인 신학을 완전히 파악하지 못했다. 루터의 부족한 부분을 직시하고 신학을 더 성경적으로 개혁하여 교회의 신앙을 더욱 바르게 세운 사람은 칼빈이다.

그래서 루터의 신학을 따르는 사람들에게 칼빈은 어느 정도 얄미울 수밖에 없었다. 바로 그 무렵에 칼빈주의(Calvinism)라는 말이 생겨났다. 루터의 존경하고 따르는 목사들과 신학자들이 칼빈의 신학 사상을 그렇게 부르기 시작했다.

우리는 칼빈이 전개한 종교개혁 신학을 개혁된 신학, 또는 개혁신학이라고 부르면서 교회의 신앙을 가장 성경과 일치하게 이끄는 신학이라고 자부한다. 다른 말로는 칼빈주의 신학이고, 교회 정치의 측면에서는 장로교회, 장로교회의 신학이다.

신학의 목적은 하나님 연구인데, 하나님이 자신을 우리에게 알려주시기 위해 베푸신 계시를 근거하지 않고 하나님을 연구하는 것은 불가능하다. 구약 시대에는 하나님께서 이스라엘의 역사와 상황 속에서 말씀과 사역으로 자기를 계시하셨다. 신약 시대에는 하나님의 완전하고 최종적 계시인 예수 그리스도를 통해 자기를 계시하셨다. 이러한 계시가 기록된 성경이 신학의 자료이고 근거이고 중심이다 (Smith 2013, 25).

개혁신학은 더욱더 성경을 중시하는 신학이다. 개혁신학은 칼빈 한 사람 혼자서 세우고 체계화시킨 신학이 결코 아니다. 개혁신학이 가장 근본으로 삼는 것은 언제나 성경이다. 서철원 박사는 개혁신학과 성경의 관계에 대해 이렇게 말했다.

"개혁신학은 성경을 신학함의 원리와 근거로 삼는다. 성경은 하나님의 입에서 나온 말씀이므로 성경의 권위를 신적 권위로 받는다. 신학함을 성경의 가르침에 따라서 하고 믿음의 내용도 다 성경에서 도출하고 성경대로 구성한다"(서철원 2018a, 131).

그러므로 개혁신학을 칼빈 한 사람의 이론으로만 국한하여 생각하는 것은 심각한 오류이다. 개혁신학이 칼빈 한 사람의 신학 체계일 것이라고 오해하므로 종종 "성령이 개혁신학을 따라서만 일하고 활동해야 합니까?"라는 우문이 나온다.

개혁신학의 가치는 가장 성경을 바르게 해석하고 교회의 신앙에 적용하는 데 있다. 개혁신학이 그런 신학으로 인정되는 이유는 가장 성경에 충실한 신학이기 때문이다.

또한 개혁신학은 성경 이해와 해석의 어려운 부분들에 대해 고대교회의 교부들과 공의회들이 만들어 낸 성경적 교리들에 준거하여 신학한다.

"그리고 개혁신학은 종교개혁을 완성한 칼빈의 신학,

즉 〈기독교강요〉와 칼빈의 다른 저술들에 나타난 성경 이해를 깊이 참고하는 신학이다. 그리고 하이델베르크 요리문답, 웨스트민스터 신앙고백 등 초기의 개혁교회 들이 작성한 중요한 문헌들도 개혁신학의 중요한 자산 이다"(서철원 2018a, 131).

성경에서 그리스도의 능동적 순종 교리의 근거를 찾 을 수 없다는 사실에 대해서는 이미 충분하게 다루었 다. 성경 어디에도 이 교리의 근거가 나타나지 않는다. 어떤 사람은 성경을 표피적으로 보지 말고 마치 땅속으 로 깊이 들어가 금맥을 찾듯이 부지런히 삽질하면서 성 경을 보아야 이 교리가 보인다고 한다.

그 말의 뜻은 하나님께서 성경을 통해 누구나 알 수 있도록 구원의 진리를 명료하게 계시하신 것이 아니고, 성경 속에 숨어있는 그림을 찾아야만 알도록 꼬아서 계 시하셨다는 것이다. 그것이 사실이라면, 성령으로부터 특별하고 사적인 신비적 계시를 추가적으로 받아야만 구원의 진리가 보이는 것이다.

그런 말은 영혼을 농락하는 거짓이고 사기이다. 순진 한 영혼들을 사냥하는 대부분의 이단 교주들이 자기의 교리를 가르칠 때 바로 그렇게 말한다. 그리스도의 능동적 순종 교리가 성경에 나오지 않는 것은 하나님이 그 방식으로 자기 백성을 생산하신 적이 없기 때문이다.

6-2. 신학자들의 종교개혁 후속 작업

그리스도의 능동적 순종 개념이 종교개혁 때까지 존재하지 않았다는 사실은 웨스트민스터 총회에 모인 신학자들의 논쟁 속에서도 드러난다. 웨신서의 11장 1항에는 의롭다 하심의 원리가 다음과 같이 매우 올바르게 진술되어 있다.

"그들 속에 의(義)를 부어 넣으심으로가 아니고, 그들의 죄를 사하시며 그들 자신을 의롭게 여기시고 받아들이심으로이며."

"그들이 믿음으로 그리스도와 그의 의를 받아들이고 의지할 때, 그의 순종과 만족(satisfaction, 속상[贖償])을 그들에게 전가시킴으로써인데."

웨신서의 칭의신학은 이와 같이 그리스도의 능동적 순종 개념과 무관하게 올바로 기술되었으나, 그 과정은 순탄하지 않았다. 다수의 신학자들이 그리스도의 능동적 순종 개념을 명확하게 삽입해야 한다고 주장하였기 때문이다. 어느 정도의 진통을 거친 후 능동적 순종 개념을 기술하지 않게 되었는데, 그 과정에서 국왕 제임스 1세(James I, 1566-1625)가 작성한 문서가 낭독되었다.

제임스 1세 당시 몰리나이우스(Molinaeus)와 틸레누스(Tilenus)가 그리스도의 능동적 순종에 대하여 논쟁하였다. 그들의 논쟁이 점점 확산되어 더 많은 신학자들이 가담함으로 제임스 1세의 국교회 우선 정책에도 영향을 미치게 되었다. 제임스 1세는 자신이 다스리는 영토 안에서 그것에 대한 논쟁을 다시 하지 않도록 금지하는 결정을 내렸고, 그 내용을 문서로 작성하여 남겼다.

제임스 1세가 그리스도의 능동적 순종 개념에 대한 논쟁을 금지한 이유는 고대교회의 어떤 교부나 공의회가 그런 이론을 다루었던 적이 없었기 때문이다. 그리고 그 이후 로마교회의 스콜라주의 신학자들도 말하지 않은 새로운 이론이기 때문이라고 명시하였다 (Letham 2009, 39).

　이러한 역사적 사실을 통해 우리는 그리스도의 능동적 순종 교리가 성경적 근거를 가지고 못할뿐 아니라 종교개혁 때까지 교회사에 전혀 등장하지 않았다는 사실을 분명히 알 수 있다. 그리스도의 능동적 순종 교리는 종교개혁 이후 유럽의 개신교의 신학이 더 구체적으로 발전되는 과정 속에서 등장한 것이다.

　1564년 칼빈이 세상을 떠나던 무렵부터 유럽의 종교개혁 교회들은 새로운 시대적 국면을 맞이하게 되었다. 칼빈에 의해 완성된 종교개혁 신학을 유럽의 개신교회들 속에 실질적이고 구체적으로 안착시키는 일이 새로운 과업으로 대두된 것이다.

　그것은 '개신교 정통주의'(Protestant Orthodoxy)라고 불리는 시대의 개신교 신학자들에게 주어진 일이었다. 칼빈으로 대표되는 이전 종교개혁자들을 통해 이루어진 개혁된 신앙을 유럽의 종교개혁 교회들 속으로 더 구체적으로 안정되게 정착시켜야 하는 일이었다. 바로 그 작업을 수행하는 과정에서 셀 수 없이 많은 신앙고백서들이 여러 곳에서 탄생했다(멀러 2003, 25).

　종교개혁의 최고 성과는 믿음과 행위로 이루어지는

로마교회의 칭의 신학을 거부하고 교회를 그리스도를 믿음으로만 의롭다 하심을 받는 이신칭의 신앙으로 복귀시킨 것이다. 로마교회는 사람이 자유의지로 그리스도를 선택하고, 구원의 믿음을 준비한 사람에게 신부가 영세를 베풀어 칭의를 완성한다고 가르쳤다. 세례를 받을 때 비로소 원죄가 제거되고 그 사람이 의인으로 변하고, 그 후 바르게 살므로 그 상태를 유지한다는 것이 그때나 지금이나 변하지 않고 유지되고 있는 로마교회의 칭의 신학이다.

"우리는 성세 성사를 받음으로 새 사람으로 탄생하는 것이며, 이로써 하나님의 자녀와 그리스도의 형제가 되어 하나님 백성의 일원이 된다"(이정기 1979, 224).

지금도 한국의 로마교회는 신자들에게 이와 같이 믿고 세례를 받음으로 하나님의 의롭다 하심이 이루어진다고 가르치고 있다.

종교개혁자들은 이것을 거부하고 오직 하나님이 보내신 그리스도의 속죄사역을 믿음으로 의롭다 하심이 완성된다고 성경대로 외쳤고, 끝내 그것을 확립하였다. 그 엄청난 일을 이루어 낸 칼빈과 다른 종교개혁자들이

세상을 떠나 하나님께로 돌아가던 무렵부터 유럽의 개
신교 신학자들은 종교개혁의 후속 작업을 서서히 시작
하였다. 그리스도를 믿으면 의롭다 하심을 얻는 원리에
대해 설명하는 작업이 그 시기 신학자들의 중요한 과업
이었다.

종교개혁으로 탄생된 유럽의 개신교회 신자들에게 이
신칭의 신학은 진리로 수용되었고, 그것이 옳으니 그르
니 하는 논쟁은 더 일어나지 않았다. 그 시기에는 하나
님의 이신칭의가 이루어지는 성경적 원리를 밝히 설명
하는 것이 새로운 과업으로 대두되었다.

그리스도의 능동적 순종 교리도 바로 그 무렵에 등장
했다. 종교개혁의 최대 산물인 이신칭의의 원리를 신자
들에게 알기 쉽게 설명하고, 이신칭의 교리가 교회 속
에 더 견고하게 정착되게 하려는 개신교 신학자들의 고
민의 산물이다.

그런데 불행하게도 그 신학자들의 논의가 성경의 내
용과 다르게 진전되었다. 그래서 오늘날 그리스도의 능
동적 순종 교리에서 벗어나지 못하는 학자들의 칭의에
관한 주장을 들어보면, 전혀 성경의 칭의 본문들과 아

귀가 전혀 맞지 않는다. 나는 그들이 애써 그리스도의 능동적 순종 교리를 주장하고 옹호하는 보고서를 작성하여 발표하면 그 속에 담긴 비성경적이고 이단적인 주장을 찾아 고발하기를 여러 번 했다 (정이철 2022c).

안타깝게도 그들의 연구와 논의는 종교개혁의 칭의 신학을 완성한 칼빈의 신학과도 다르게 진행되었다. 그래서 그리스도의 능동적 순종 교리와 다른 중요한 신학 논쟁의 장에서 자주 "칼빈의 신학과 이후 칼빈주의자들의 신학이 왜 맞지 않는가?", "칼빈은 칼빈주의자가 아니었나?"라는 이상한 의문이 심각하게 제기되었던 것이다 (멀러 2003, 31-32).

19세기를 대표하는 장로교 신학자 윌리엄 커닝햄 (William Cunningham, 1805-1861)의 말 속에도 그리스도의 능동적 순종 교리가 종교개혁의 칭의 신학을 더 자세히 설명하려는 종교개혁 이후 시대의 개신교 신학자들의 사색으로부터 기원했다는 사실이 나타나 있다. 또한 이 교리가 칼빈의 어떤 저술에서 직접 기원한 것도 아니라는 사실을 알 수 있다.

"우리의 죄 용서의 근거가 되는 수동적 의 개념과 우

리가 하나님께로 받아들여지는 능동적 의 개념은 칼빈의 책들을 통해 공식적으로 등장한 것이 아니다. 그것은 칭의 교리의 뒤를 따르는 더 섬세하고 구체적인 사색으로부터 기원을 찾을 수 있다. 그러한 구분이 지극히 합당한 신앙적 유추라고 믿었고, 명확하고 분명한 개념 형성을 돕기 위해 유용할 수 있었다"(Cunningham 1979, 404).

커닝햄은 그리스도의 능동적 순종 교리를 인정했던 신학자였는데, 그도 이 교리에 대한 중요한 두 가지 사실을 말했다. 하나는 종교개혁 신학의 완성자인 칼빈의 신학과 그리스도의 능동적 순종 교리가 직접 연관되지 않았다는 것이다. 나중 신학자들의 종교개혁의 이신칭의 교리에 대한 더 구체적이고 논리적인 사색, 즉 왜 예수 그리스도를 믿는 자에게 하나님께서 의롭다 하심을 주시는지를 설명하는 과정에서 그리스도의 능동적 순종 교리가 출현했다는 것이다.

지금까지 이 책에서 우리가 논의했던 칭의에 관한 핵심적인 내용을 잠시 돌아보자. 범죄하여 죽은 자기 백성을 다시 살리기 위해 하나님이 무엇을 작정하셨는가?

하나님 자신이 죄로 죽은 자기 백성들을 다시 살리는 의가 되어주시고자 친히 사람이 되시기로 작정하셨다. 아담의 죄와 무관하고 하나님의 거룩하심을 그대로 가지는 의로운 사람으로 성육신하셨다.

하나님께서 자기의 성육신자 예수 그리스도에게 범죄한 모든 죄인들이 당할 하나님의 저주와 진노를 다 받으라고 요구하셨다. 그리스도는 범죄한 하나님 백성들을 죄에서 건지기 위해 자기 목숨까지 버리면서 하나님의 뜻에 순종하였다.

"그는 근본 하나님의 본체시나 하나님과 동등됨을 취할 것으로 여기지 아니하시고 오히려 자기를 비워 종의 형체를 가지사 사람들과 같이 되셨고 사람의 모양으로 나타나사 자기를 낮추시고 죽기까지 복종하셨으니 곧 십자가에 죽으심이라"(빌 2:6-8).

예수 그리스도는 아버지의 뜻에 대한 모든 순종과 십자가의 피 흘리심으로 범죄자들에게 진노하시는 하나님께 완전한 만족이 되었다. 하나님께서 그리스도의 속죄 사역을 믿는 자들에게는 더 이상 죄가 없다고 선언하셨다. 그리스도의 부활로 그리하셨다.

그리고 승천하신 그리스도는 아버지에게 성령을 자기의 이름으로 지상의 백성들에게 보내시도록 요청하셨다. 성부께서 구속 사역을 완수한 성자의 요청을 따라 성령을 그리스도의 이름과 그리스도의 영으로 죄에서 해방된 자기 백성들에게 파송하셨다. 성령이 성자의 구속사역을 하나님 백성에게 적용하시기 위해 성자의 이름으로 파송되었다.

그것이 바로 예수 믿고 죄용서 받은 하나님 백성의 의로워짐이다. 성령이 성자의 구속 사역을 적용하기 위해 하나님의 작정을 따라 십자가로 하나님 백성의 죗값을 대신 갚으신 예수 그리스도의 이름으로 우리에게 부어지니, 십자가의 공로가 완전하게 우리에게 적용되었다. 그리하여 여전히 죄인이지만 그리스도와 함께 죗값을 직접 갚은 것으로 간주되었다.

"그날에는 내가 아버지 안에, 너희가 내 안에, 내가 너희 안에 있는 것을 너희가 알리라"(요 14:20).

그리스도의 구속 사역과 성령의 임재로 하나님과 연합될 때 하나님의 의가 믿는 자의 것이 되는 것이다. 이것이 그리스도를 믿는 사람에게 주어지는 칭의의 원리이다. 종교개혁 후속 작업을 진행했던 당시 유럽의 개신교 신학자들은 이 방향으로 칭의 신학을 더 섬세하게 개진했어야 했다.

6-3. 다시 율법으로 빠진 신학자들

그러나 종교개혁의 핵심 유산을 더 쉽고 명료하게 유럽의 개신교회들 속으로 정착시키려 노력했던 칼빈 이후 유럽의 개신교 신학자들은 이상한 방향으로 일하기 시작했다. 그들은 그리스도의 십자가의 피로 말미암아 중심에서 밀려나 소외감을 느끼고 있는 율법에게 위로와 만족을 주는 신학을 전개하기 시작했다.

6-3-1. 루터의 완곡한 율법주의

율법을 되살리려는 불안한 조짐이 종교개혁의 선두 주자 루터에게서 먼저 나타났다. 루터는 그리스도를 믿음으로 칭의가 주어진다는 사실을 회복해 낸 최고

의 공로자이지만, 그럼에도 율법에 대한 사랑도 미련도 아닌 이상한 율법주의 자세를 계속 가지고 있었다. 루터의 문제점을 서철원 박사는 이렇게 지적했다.

"루터에게 그리스도를 믿음으로 의롭다 하심을 얻는 것은 분명했으나, 거기에 도달하기 위해 반드시 율법에 순종하여 행위로 의롭다 하심을 받으려는 노력이 선행되어야 한다고 가르쳤다"(서철원 1992, 17-18).

왜 루터는 그리스도를 믿음으로 의롭다 하심을 얻기 위해 먼저 율법의 지배를 받으며 율법으로 의롭다 하심을 얻고자 노력하는 시기를 보내야만 한다고 보았을까? 율법과 무관하게 살았던 이방인들에게도 율법 이야기를 전혀 하지 않고 오직 그리스도의 속죄 사역을 선포하고, 성령이 그들을 믿게 하심으로 하나님의 자녀가 되게 하시는 신약 사도들의 이야기가 루터의 성경에는 없었을까?

종교개혁의 포문을 열었던 루터라도 성경을 보는 경험적 틀과 한계에서 완전하게 벗어나지 못했기 때문이다. 그는 일찍부터 믿음과 행위로 자신의 완전한 칭의를 만들라고 가르치는 로마교회 안에서 성장했다. 그리고 성인이 되어서는 로마교회의 그 교리를 수호하는 신부가 되었다.

로마교회의 신부가 된 루터는 자기의 행위로 자기의 의를 완성하고자 부단히 노력했다. 루터는 27세 때에 로마교회의 성스러운 도시 로마를 방문하게 되었다. 루터의 가슴에는 교황이 사는 거룩한 도시 로마에서 많은 영적인 축복을 받을 것이라는 기대가 가득했다. 루터는 로마에 있는 라테란 성당의 그 유명한 28 계단을 무릎으로 올라가 보고 싶은 마음이 간절했다.

당시 로마교회 사람들은 그리스도께서 빌라도 총독에게 재판을 받기 위해 끌려갔을 때 빌라도가 서 있었던

자리가 기적적으로 로마로 이동되었는데, 그것이 라테란 성당의 28 계단이라고 믿는 미신에 빠져 있었다. 그리고 누구든지 무릎으로 그 계단을 오르면 모든 죄의 사함을 받는다고 믿었다.

루터는 맨 무릎으로 28 계단을 오르기 시작했다. 주기도문을 외우면서, 그리고 연옥에 있는 할아버지가 구원되기를 위해 기도하면서 무릎으로 한 계단 한 계단 오르기 시작했다. 그런데 28 계단을 다 올랐을 때 뜨거운 구원의 확신과 감격이 그의 마음에서 일어나는 것이 아니었다. 오히려 자기도 모르게 다음과 같은 말을 내뱉었다.

"그것이 사실인지 누가 아는가?"

로마교회의 성스러운 도시 로마는 루터에게 로마교회가 가르치는 믿음에 대해 크게 회의하게 만들었다. 그리고 이후 하나님의 칭의는 인간의 모든 행위와 무관하고 오직 그리스도를 믿음으로 이루어진다고 외치기 시작했다. 하지만 한편 루터는 그리스도를 믿어 칭의를 얻기 위해 반드시 율법의 행위로 의를 얻으려고 몸부림치는 과정이 있어야 한다는 확신을 버리지 않았다. 루터의 칭의를 이끌어 내는 율법을 다르게 말하면 훗날 청교도들이 신봉했던 회심준비론이다. 구원과 율법의 관계에 대한 루터의 말은 회심준비론을 주장하는 청교도주의자들의 말과 똑같다. 루터는 다음과 같이 가르쳤다.

"회개하여 믿음에 이르게 하기 위하여 먼저 율법의 선포를 선행해야 한다. 하나님은 사람을 의롭게 하기 위하여 먼저 그를 정죄하신다. 그가 세우시려 할 자를 헐으신다. 그가 낫게 하시려는 자를 깨뜨리시고, 살리려는 자를 먼저 죽이신다. 하나님은 이것을 하실 때 사람을 통회(Reue)로 몰아넣으시고, 자기 자신과 자기의 죄를 알아 겸손하고 떨게 만드신다. 그리하여 죄인들이 지옥으로 돌아가고, 그들의 얼굴이 수치로 가득하게 된다. 그러나 이런 당황함에서 구원이 시작된다. 왜냐하면 주를 두려워함이 지혜의 시작이기 때문이다. 요컨대 여기서 하나님은 본래적인 자기의 일(opus proprieum)을 하시기 위해 생소한 일(opus alienum)을 하신다. 이것이 신자의 참된 회개이고 영의 겸손이다. 여기서 은혜가 부어진다"(서철원 1992, 18).[1]

이처럼 루터는 율법의 기능을 거쳐야만 하나님의 의롭다 하심을 얻는 길로 들어선다고 가르쳤다. 그래서 영혼구원을 위해 그리스도의 죄용서의 복음보다 율법 선포를 먼저 해야 한다고 주장하는 청교도 회심준비론자들이 두고두고 루터의 글을 인용하고 좋아한다.

[1] 루터의 원문은 서철원 박사의 "복음의 율법의 관계"18페이지 있다.

그러나 성경은 의롭다 하심과 율법은 개와 소처럼 서로 연결된 것이 없다고 가르친다. 아직 율법이 오지 않았을 때 믿음의 조상 아브라함은 오직 하나님을 믿어 의롭다 하심을 얻었다 (창 15:6). 기생 라합도 율법을 알지 못하는 상황에서 이스라엘의 하나님을 듣고 믿어서 구원을 얻었다 (수 2:9-11). 하나님께서 죄인을 의롭다 하시는 것과 율법은 아무 연관이 없다. 구약 시대의 사람들도 오직 하나님을 믿음으로 구원을 얻었다.

신약의 사도들도 의롭다 하심을 얻기 위해 먼저 율법을 지키려고 씨름해야 한다고 전혀 가르치지 않았다. 어느 사도가 먼저 율법과 씨름하지 않으면 그리스도를 믿어 칭의를 얻는 것이 불가능하다고 가르쳤는가?

칭의에 앞서서 율법의 기능이 먼저 역사한다는 루터의 말이 맞다면, 율법과 무관한 이방인들을 구원하려고 그리스도의 속죄 사역과 부활을 힘써 증거한 신약의 사도들은 모두 기형적인 복음 전파자들인가?

누구든지 구원을 얻는 것과 율법이 직접 관련되었다고 주장하면 율법주의 이단으로 시비받게 된다. 구원을 유지하는 것과 율법이 직접 연관되었다고 주장하는 것도 마찬가지이다. 신약의 사도들은 율법과 무관한 이방인이든 율법과 가까운 유대인이든 관계없이 언제나 그리스도의 속죄 사역만 전하여 성령의 역사를 따라 믿음으로 구원받게 하였다.

"또 모세의 율법으로 너희가 의롭다 하심을 얻지 못하던 모든 일에도 이 사람을 힘입어 믿는 자마다 의롭다 하심을 얻는 이것이라"(행 13:39).

루터는 로마교회의 행위구원론 신학을 물리치고 성경대로 이신칭의를 확립하는 데 크게 공헌했으나, 자기의 태생적 한계로 인해 이신칭의가 율법에 의해 유도된다고 함으로써 심각한 결함을 동시에 만들었다. 하나님께서 개인의 구원과 율법의 기능을 연동시킨다고 주장하는 사람은 루터가 이신칭의 아래에 보존해 둔 율법주의를 함께 추종하는 자이다.

6-3-2. 베즈의 율법주의

칼빈의 제자이고 후계자였던 테오도르 드 베즈(Théodore de Béze, 1519-1605)는 율법의 행위가 없이는 의롭다 하심도 있을 수 없다는 수준의 율법주의 칭의 신학을 종교개혁 교회 속으로 도입하였다. 루터는 그리스도의 복음으로 이신칭의를 얻으려면 먼저 율법을 지켜 의를 얻으려는 분투의 과정을 경험해야 한다는 은근한 율법주의를 주장했지만, 베즈는 여기서 더 나아가 칭의가 완전한 율법준수에 근거하여 주어진다고 주장했다.

만일 베즈가 구원을 원하는 모든 사람이 율법을 완전하게 지켜서 그 공덕에 의해 의롭다 하심을 얻어야 한다고 주장했으면, 진즉 종교개혁을 허무는 사이비 신학자로 규정되었을 것이다. 하지만 베즈가 율법준수의 멍에를 오직 한 분 예수 그리스도에게 연관시키는 율법주의를 도입하였기 때문에 이 덫을 쉽사리 알아차릴 수 없었다.

칼빈의 제네바 아카데미를 물려받아 강의했던 베즈가

칼빈의 종교개혁 신학을 바르게 이해하지 못했다고 평가하는 사람들이 매우 많다. 제네바 아카데미에서 베즈의 신학 강의를 1년 동안 들었던 알미니우스가 칼빈주의 신학자가

되지 않고 인간의 이성과 자유의지를 강조하는 신학을 개진하여 훗날 전 세계의 많은 교회들이 성경을 떠나게 되었다는 것은 이미 널리 알려진 사실이다.

합신의 이남규 교수가 2021년에 발표한 논문, "그리스도의 순종과 의의 전가: 전기 정통주의의 견해"를 통해 베즈에 대한 매우 중요한 사실이 알려졌다. 이남규 교수는 1556년에 처음 출판된 베즈의 신약 주석의 로마서 5:18절 부분에서 그리스도의 능동적 순종과 수동적 순종 개념이 나타났다고 했다. 이남규 교수가 소개한 베즈의 원문은 다음과 같다.

"죄의 용서에 의해서, 즉 전가된 그리스도의 만족에 의해서 우리가 의롭게 되었다고 말해진다. 즉, 그를 통해 지불된 형벌에 의해 죄책 없는 자로서 해방되는 것이다. 그런데 또한 전가된 그리스도의 순종에 의해 우리가 의롭게 되었다고 말해진다. 우리가 율법의 조항으로부터 영생을 청구할 수 있도록 하기 위함이다. 우리가 믿음으로 그리스도를 가졌는데, 이 그리스도께서 우리를 위해 모든 의를 성취하셨기 때문이다"(이남규 2021, 171).

이남규 교수가 소개하는 베즈의 라틴어 책을 구입하였으나 안타깝게도 라틴어를 읽지 못하여 그냥 보관하고 있다. 베즈의 라틴어 원문을 영어로 번역하여 인용한 외국의 박사학위 논문을 보았다 (De Campos 2009, 90). 베즈의 원문에 대한 이남규 교수의 한국어 번역과 그 논문의 영어 번역의 내용이 일치하였다.

칼빈의 후계자 베즈가 하나님의 의롭다 하시는 조건이 완전한 율법 조항들 준수라고 이해했다는 것은 분명한 사실로 보인다. 하지만 종교개혁 이신칭의와 율법조항 완전준수의 의(영생청구) 개념은 서로 다른 것이다. 그런데 어떻게 해서 이 상이한 두 개념의 모순이 베즈를 괴롭히지 않았을까?

그리스도의 능동적 순종 교리는 이 모순을 해결하기 위해 도입된 것이다. 율법조항 완전준수의 공로로 의를 획득한 그리스도를 믿는 죄인들이 하나님께 의롭다 하심을 얻는다는 것이다. 종교개혁의 이신칭의가 율법주의의 꼼수와 결부되어 설명되고 있었다. 칼빈의 후계자가 이와 같은 율법주의 칭의 신학을 전개했다는 사실은 참으로 충격적이다.

계속해서 이남규 교수는 1570년에 처음 출판된 베즈의 책 〈질문과 답〉의 내용을 소개하면서, 베즈에게 그리스도의 능동적 순종 교리 개념이 확실하게 있었다고 말했다.

"그러므로 당신은 말하기를 우리가 하나님 앞에서 의롭게 되는 것이 즉 의로운 자로 인정되고 선언된 이유가 그리스도의 순종이 우리에게 전가되었기 때문인데, 이 순종이 두 부분으로 구성되어 있으니, 즉 우리 죄에 대한 만족과 모든 율법에 대한 완전한 완수로 구성되어 있는 것이다. 답: 그렇다"(이남규 2021, 178).

율법주의 칭의론이 칼빈의 후계자 베즈로부터 본격적으로 시작되었다는 것은 확실해 보인다.

국내에서는 신호섭 교수가 외국에서 작성한 자신의 학위논문을 〈개혁주의 전가교리〉라는 제목으로 출판함으로 이 논쟁이 점화되었다. 신호섭 교수는 독일계 미국인 데이비드 슈타인메즈(David Curtis Steinmetz,

1936-2015) 박사의 말을 인용하면서, 베즈가 루터파
신학자 프라시우스(Flacious)의 책에서 이 개념과 용어
를 배웠다고 설명했다 (신호섭 2016, 73).

"칼빈은 비록 죄 용서를 더욱 강조했지만, 칭의를 그
리스도로 인한 죄의 용서와 전가로 간주했다. 그러나
베자는 루터파 신학자인 플라시우스의 저작에서 그리
스도의 능동적 순종과 수동적 순종을 구별하는 개념을
가져왔다"(Steinmetz 2001, 118).

우리는 이미 독일 종교개혁 신학(루터파 신학)의 아버
지인 루터에게 율법의 기능이 개인에게 먼저 집행되어
야 그리스도를 믿어 하나님의 의롭다 하심에 이르게 된
다는 완곡한 율법주의 칭의 신학이 있었음을 보았다.
루터의 그것이 독일의 후배들에게 영향을 미쳐 그리스
도의 능동적 순종과 수동적 순종 개념으로 발전된 것으
로 짐작된다.

6-3-3. 우르시누스의 율법주의

1563년에 작성된 우르시누스(Zacharias Ursinus,
1534-1583)의 〈대요리문답〉을 통해 종교개혁 이신칭

의를 율법과 연관시키는 가장 분명하고 심각한 내용이 등장했다. 우르시누스는 완전한 율법준수를 인간의 칭의과 구원의 조건으로 제시하였다.

"율법에는 하나님이 창조를 통해 인간과 맺은 자연언약이 담겨 있으며, 인간은 자연을 통해 그것을 알게 된다. 율법은 우리가 하나님께 완전히 순종할 것을 요구하며, 그것을 지키는 사람에게는 영원한 생명이 주어질 것을 약속하고 그렇게 하지 않는 사람들에게 영원한 형벌이 주어질 것이라고 위협한다"(Ursinus 1563, Q. 36).

베즈와 우르시누스의 율법과 칭의에 대한 주장들은 종교개혁으로 이신칭의를 확립하기는 했으나 아직 그 시대의 신학자들이 율법을 통과하지 않는 칭의에 대해 전혀 눈을 뜨지 못했음을 보여준다.

비록 땅에는 이신칭의가 들어섰으나, 하늘은 여전히 율법주의 먹구름으로 가득했으므로 그들은 "저 먹구름이 쏟는 장대비를 우리 각 사람이 감당해야 하는가? 주 예수 그리스도 한 분이 대표로 감당해야 하는가?"에 대해 논의했던 것이다.

그들은 예수 그리스도 한 분이 대표가 되어 그것을 감당했다고 믿고, 자연스럽게 그리스도의 능동적 순종 교리를 만들고 정착시켰다.

6-3-4. 퍼킨스의 율법주의

국교회 청교도 퍼킨스 (William perkins, 1558-1602)는 영국 청교도주의의 아버지이다. 회심준비론, 그리스도의 능동적 순종 교리, 그리고 태초의 아담과 하나님의 언약을 행위언약이라고 본격적으로 개념화된 것 등 청교도들을 통해 전파된 율법주의 구정물이 그에게서 시작되었다.

다음 명단 속의 청교도 신학자들은 우리들에게 언제나 위대한 신앙의 사람으로 존경받고 있다. 이들의 신학의 뿌리는 바로 퍼킨스가 발전시킨 청교도 신학이다.

윌리엄 에임스(William Ames, 1576-1633)

폴 베인즈(Paul Baynes, 1573-1617)

리처드 십스(Richard sibbes, 1577-1635)

존 코튼(John Cotton, 1585-1652)

존 프레스톤(John Preston, 1587-1628)

존 오웬(John Owen, 1616-1683),

리차드 백스터(Richard baxter, 1615-1691)

토마스 굿윈(Thomas Goodwin, 1600-1680)

존 하우(John Howe,1630-1705)

스티븐 차녹(Stephen Charnok, 1628-1680)

존 번연(John Bunyan, 1628-1699)

토마스 왓슨(Thomas Watson, 1620-1686)

토마스 브룩스(Thomas Brooks, 1608-1680)

메튜 폴(Matthew Poole, 1624-1679)

토마스 맨톤(Thomas Manton, 1620-1677)

조나단 에드워즈(Jonathan Edwards, 1703-1758)

청교도 개혁운동의 역사에서 퍼킨스라는 인물은 매우 중요한 위치에 있다. 그가 청교도 개혁운동의 방향을

새롭게 틀었기 때문이다. 청교도들은 원래 영국의 국교
회를 장로교회로 전환하는 것을 목표하였다. 그러나
1580년대 말 국교회를 장로교회로 전환하려는 청교도
들의 개혁안은 완전히 좌절되었다. 국교회가 사라지고
장로교회가 들어서면 왕권이 약화되기 때문에 엘리자
베스 여왕이 청교도들의 요구를 들어주지 않고 국교회
감독들을 후원했기 때문이다.

　더 이상 국교회 제도를 장로교 조직으로 개혁할 수 없
는 상황에 이르자 퍼킨스는 국교회의 제도와 체제를 고
치려 하지 않고 국교회의 감독들에게 지배받는 시민들
과 신자들의 신앙 자세를 바꾸는 개혁운동으로 방향을
바꾸었다. 당시 국교회 치하에서 신자들의 신앙 자세는
완전히 수동적이었고 신앙을 위한 적극적인 자세는 전
혀 없었다. 항상 국교회 감독들의 지시와 통제를 따를
뿐이었다.

　퍼킨스는 사람이 자기의 구원을 위해 적극적인 신앙
자세를 가져야 하고, 하나님의 초청에 적극적으로 반응
하고 참여해야 한다는 메시지를 설교와 저술을 통해 일
반 시민들에게 전파하고 가르치기 시작했다. 그 메시지

는 미지근하고 형식적인 국교회 신자들에게 강력한 영향을 미쳤다. 점차 많은 청교도들이 퍼킨스를 존경하며 따르기 시작했다.

퍼킨스에게 영향을 받은 국교회의 후배 청교도 성직자들도 퍼킨스처럼 설교하고 책을 저술하여 사람들을 변화시켰다. 그들은 국교회 성직자들이 회피하는 시골, 농촌 지역으로 달려가 설교하였고, 그들의 손에 책들을 쥐어주었다.

재미있는 사실은 요즘 청교도주의 목회자들의 교인들도 같은 방식으로 주변 사람들의 의식을 깨운다는 것이다. 기존의 유명한 청교도들의 책들을 서로 소개하면서 나눈다. 자신들이 존경하는 청교도주의 목회자가 출판하는 새로운 책이 나오면, 부지런히 서로 소개하고 선물한다.

국교회 성직자들은 처음에 퍼킨스와 그의 후배들의 움직임을 경계하지 않았으나, 머지않아 불길한 파도가 꿈틀거리고 있음을 감지했다. 하지만 국교회 감독들에게 의존하여 지시와 명령에 복종하는 피동적인 신앙에서 깨어나 스스로 신앙을 돌보며 구원을 위해 적극적으로 하나님을 찾는 청교도 개혁운동을 따르는 시민들을 억압할 명분이 없었다.

퍼킨스에 의해 시작된 새로운 청교도 개혁운동이 잉글랜드 사회와 정치에 미치는 파급력은 실로 어마어마했다. 국교회를 거부하고 청교도 개혁운동을 따르는 시민 세력이 성장하여 수 십년 후 의회를 장악했고, 국교회 수호자를 자처하는 국왕과 맞서게 되었다.

마침내 1640년대에 이르러 양측은 크게 충돌하여 전쟁에 돌입했고, 결국 패배한 국왕은 청교도들에 의해 참수되었다.

1602년에 사망한 퍼킨스의 새로운 방향의 개혁운동으로 인해 그 모든 일이 시작되었다. 대체 퍼킨스에게서 어떻게 그런 역사의 물결을 바꾸는 힘이 나왔을까? 각 사람이 자기의 의지와 행위로 자기를 구원받게 해야 한다고 가르치는 율법주의 칭의(구원) 신학을 퍼킨스가 크게 흔들었기 때문이다.

1590년대 초, 퍼킨스는 새로운 방향의 청교도 개혁운동을 위한 신학적 동력원을 만들었다. 아담의 구원에 관하여 하나님과 아담 사이에 맺어진 아담의 행위와 조건에 관한 언약을 신학화하였다.

"하나님의 언약은 어떤 조건 하에서 영생을 얻는 것에 관한 인간과의 계약이다. 이 언약은 두 부분으로 이루어져 있는데, 하나님의 인간을 향한 약속과 인간의 하나님을 향한 약속이다. 하나님께서 인간에게 하시는 약속은 인간이 어떤 조건을 이행하면 당신은 그의 하나님이 되시겠다고 맹세하시는 것이다. 인간이 하나님에게 하는 약속은 그가 하나님께 충성을 서약하고 그들 사이의 조건을 이행하겠다고 맹세하는 것이다"(Perkins 1626, 1:32; 원종천 1998, 47).

"행위언약은 완전 순종을 조건으로 만들어진 언약이고, 이 조건은 윤리법으로 표현된다. 윤리법은 인간에게 그의 본질과 행동에서 완전한 순종을 명령하는 하나님 말씀의 부분이고, 그 외에는 어떤 것도 금한다. 율법은 두 부분으로 되어 있다. 그것은 순종을 요구하는 법과 그리고 순종과 결합되어 있는 조건이다. 그 조건은 율법을 완성하는 자들에게는 영생이고, 율법을 범하는 자들에게는 영원한 죽음이다. 십계명은 율법의 축소판이요 행위언약이다"(Perkins 1626, 1:32; 원종천 1998, 48).

퍼킨스도 종교개혁 이신칭의를 분명하게 믿는 사람이

었다. 그런데 하나님께서 아담이 어떤 조건을 이행하면, 즉 순종을 명령하는 율법을 준수하면 아담을 자식으로 삼고 그에게 영생을 주기로 언약했다고 강조하였다.

아담에게 주어진 하나님의 칭의(구원)의 조건과 종교개혁 이신칭의는 상반되는 개념이다. 퍼킨스는 어떻게 상반된 두 개를 조화시켰을까? 아담이 이행하지 못한 조건과 행위를 그리스도가 우리의 대표가 되어 대신 이행하셨고, 그래서 그리스도를 믿는 사람에게 의롭다 하심이 주어지는 것으로 정리한 것이다. 종교개혁이 확립한 이신칭의의 이면에 율법의 기능이 있고, 그리스도께서 그 율법의 기능이 우리의 것이 되도록 만드셨다고 설명하였다.

퍼킨스에 의해 행위언약이라고 제시된 이 신학은 어떻게 일반 시민들의 신앙 의식에 도전을 주어 적극적인 신앙 자세를 가지게 만들었을까? 그는 율법이 반드시 하나님의 자녀들에게서 지켜져야 한다고 강조했다. 물론 구원(칭의)을 위한 완전한 율법준수는 그리스도께서 대신하셨으므로 구원을 위한 율법준수는 성도의 의무가 아니라고 했다.

그러나 그리스도의 은혜로 구원받은 성도의 합당한 삶에 있어서 율법준수의 의무는 여전히 남아 있다고 강조했다. 이것이 바로 청교도 개혁운동 신앙의 율법주의이다. 예를 들어보자. 청교도들은 주일에다가 구약의 안식일 개념을 덧입혔다. 그들은 구약의 안식일 개념을 따라 토요일 해가 질 무렵부터 주일 성수에 들어갔고, 철저히 아무 일도 하지 않았다.

청교도들이 세운 나라인 미국의 교회들은 1970년대까지 청교도들처럼 주일성수하면서 청교도들의 유산을 유지했다. 사실 신약의 신앙을 훼손하는 율법주의 요소가 많았으나, 그것에 대해 말하는 자는 믿음 없는 자로 간주되어 곤란을 당하였다.

미국 선교자들을 통해 한국에도 청교도 율법주의가 전수되었다. 그래서 주일에 일하거나 돈을 쓰면 정죄받는 것이 한국에서는 정상이었다.

율법주의 마력이 퍼킨스의 새로운 개혁운동을 성공하게 만들었고, 훗날 영국의 역사를 바꾸어 놓았다. 참된 믿음이 율법준수로 나타나야 한다는 가르침은 사람들에게서 눈에 보이는 변화를 일으킨다.

그러나 그리스도를 믿고 동시에 의지로 율법을 지켜야 한다는 사상은 사도 바울에 의해 이렇게 정죄되었다.

"그러나 우리나 혹은 하늘로부터 온 천사라도 우리가 너희에게 전한 복음 외에 다른 복음을 전하면 저주를 받을지어다"(갈 1:8).

퍼킨스의 율법주의는 그의 단독 작품이 아니었다. 잘 못된 신학을 전개한 그의 이전 사람들에게 영향과 아이 디어를 받았으므로 가능한 일이었다.

1563년 우르시누스가 〈대요리문답〉을 통해 주장한 율법주의 구원론 신학은 당시의 유럽 신학자들의 주목 을 끌지 못했다. 그러나 30년 후 영국에서 청교도 퍼킨 스를 통해 더 구체적으로 제시되어 청교도 개혁운동의 신학적 동력원이 되었다. 종교개혁 교회 속으로 율법주 의를 끌어들이는 신학의 모티브가 되었다.

퍼킨스가 베즈로부터 신학을 배운 것도 그의 율법주 의 신앙 형성에 작용했다. 베즈는 유럽 대륙에서 활동 했던 신학자이나, 퍼킨스가 베즈의 신학의 영향을 받아 영국에 베즈의 신학을 전파하는 일을 했다 (멀러 2011,

40; 라은성 2018, 60; Beeke & Jones 2012, 120-121). 그래서 베즈의 개신교 율법주의가 영국 청교도들의 중심 신학으로 자리를 잡았다고 볼 수 있다.개신교 율법주의의 시작이고 근본인 행위언약을 본격적으로 주장한 퍼킨스에 의해 또 다른 두 가지 개신교 율법주의 신학, 회심준비론과 그리스도의 능동적 순종 개념이 본격적으로 전개되기 시작했다. 다음은 퍼킨스가 행위언약 개념을 주장하였던 그 책에서 율법과 구원의 관계, 율법을 통한 회심준비에 대해 한 말이다.

"만일 당신이 진정으로 영생을 갈구하다면 첫째 철저히 하나님의 율법으로 당신 자신과 자신의 삶의 모습을 자세히 점검하고 당신의 눈으로 하여금 죄의 마땅한 결과인 저주를 보게 하여 당신의 곤경을 통곡하며, 영원한 행복을 얻을 수 있는 자신의 힘이 없음을 깨달음으로써, 자신을 부인하고 예수 그리스도를 찾고 그에게 가야하는 것이다"(Perkins 1626, 1:32; 원종천 1998, 54).

다음은 퍼킨스가 같은 책에서 그리스도의 능동적 순종에 대해 한 말이다.

"그리스도와 그 분의 의에 대해 우리는 두 가지를 이

해해야 한다. 첫째는 그리스도의 수난과 죽음에 나타난 그 분의 고난이다. 둘째는 율법을 성취하시는데서 드러난 그 분의 순종이다"(Perkins 1626, 1:32; 신호섭 2016, 93).

6-3-5. 웨신서(WCF) 속의 율법주의

국교회 청교도 퍼킨스가 종교개혁 교회 속으로 율법주의를 본격적으로 도입했다면 웨스트민스터신앙고백(WCF, 웨신서)은 율법주의를 장로교회의 신학으로 공식화했다고 할 수 있다. WCF의 전체 내용이 그렇다는 것이 아니고 아담과 하나님 사이의 행위언약을 기술하는 다음의 내용이 그렇다는 것이다.

"1. 행위 언약: 사람과 맺으신 첫 언약은 행위 언약이었는데, 거기에서 완전한 개인적 순종을 조건으로 아담과 그 안에서 그의 후손들에게 생명이 약속되었다"(WCF 7:2).

"2. 아담에게 주신 법: 하나님께서는 아담에게 행위 언약으로서 한 법을 주셔서 그것에 의해 그와 그의 모든 후손들을 인격적인, 완전한, 정확한, 그리고 영속적인 순종의 의무 아래 두셨고 그것의 실행에 근거한 생명을 약속하셨으며, 그것의 위반에 근거하여 죽음을 경고하셨고 그것을 지킬 힘과 재능을 그에게 부여하셨다. 2. 도덕법(Moral Law): 이 법은 그의 타락 후에도 계속 의(義)의 완전한 규칙이었고 시내산에서 하나님에 의해 십계명에 그렇게 선언되었으며 두 돌판들에 기록되었는데, 처음 네 계명들은 하나님께 대한 우리의 의무를, 그리고 그 나머지 여섯은 사람에 대한 우리의 의무를 담고 있다"(WCF 19:1,2).

WCF의 행위언약 부분을 읽으면 앞에서 살펴본 퍼킨스의 행위언약이 거의 그대로 반복되고 있음을 알 수 있다. 퍼킨스는 1602년에 사망했고 WCF는 1640년대에 작성되었다. 약 40년의 간격이 있는데, 왜 퍼킨스의 언약 개념이 그대로 WCF 속으로 삽입되었을까?

WCF는 하나님께서 하늘에서 천사들의 손가락을 빌어 기록하시어 영국 청교도들에게 건네준 신성한 문서가 아니다. 당시는 청교도 군대와 국교회 군대가 생사를 걸고 싸우던 때였다. 최전선에서 많은 군인들이 죽어가고 있을 때 전국의 신학자들이 한 곳에 모여 신학을 토론하였던 이유는 영국 땅에서 종교 문제로 벌어지

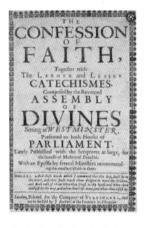

는 전쟁을 예방하기 위해서였다. 당시 영국에서는 거의 모든 전쟁이 종교 문제로 벌어지는 전쟁이었다.

처음에 잉글랜드의 의회는 잉글랜드와 잉글랜드에게 복속된 웨일즈, 아일랜드의 교회들의 교리와 신학을 통일시키기 위해 신학자들을 웨스트민스터 총회로 소집하였다. 그러나 곧 북쪽의 장로교회의 나라 스코틀랜드가 국교회 군대를 물리치기 위해 전쟁에 뛰어들면서 신앙고백서 작업에도 합류하였다. 하나의 종교개혁 교회를 잉글랜드, 웨일즈, 아일랜드, 그리고 스코틀랜드에 세우기 위한 작업이 시작된 것이다.

당시 그 신학자들은 개혁자들에 의해 이미 제시된 적이 없는 새로운 신학과 교리를 만들려고 시도하지 않았다. 웨스트민스터 신학교(CA)의 조직신학 교수 존 페스코 (2014, 155)가 말한 것처럼, 웨스트민스터 총회의 신학자들은 퍼킨스를 비롯하여 종교개혁 이후 신학자들

이 발전시킨 광범위한 신학적 견해들을 취합하고 집대성하는 작업을 했다.

아담과 하나님 사이의 언약에 대해서는 퍼킨스의 행위언약 개념은 이미 잉글랜드 청교도들과 스코틀랜드 장로교회에 전파되었으므로 자연스럽게 웨신서의 언약신학으로 채택되었다.

창조 시 아담의 상태를 왜곡하고, 율법준수를 조건으로 하나님이 인간에게 의롭다 하심을 준다는 퍼킨스의 행위언약이 웨신서에 수용됨으로, 종교개혁의 이신칭의가 율법의 기능에 의해 이루어지는 이상한 이신칭의로 변질되어 버렸다.

아담과 우리 죄인들이 못 지키는 율법을 그리스도가 대신 완전하게 지켜서 율법의 기능에 의해 의인 자격을 얻으시어 우리에게 전가했다는 그리스도의 능동적 순종 교리를 정당하게 만들었다.

흥미로운 사실은 웨신서가 행위언약을 기술하면서도 행위언약에 맞는 구원론, 즉 그리스도의 능동적 순종 교리는 사실상 거부했다는 것이다. 행위언약과 그리스도의 능동적 순종의 완전한 조합은 청교도들이 웨신서를 버리고 작성한 자신들의 사보이 선언(Savoy declaration, 1658) 속에서 구현되었다. 그러나 1647년에 작성된 웨신서에서는 둘이 어중간하게 조합되었다.

행위언약이 웨신서를 통해 공식화됨으로 이후 개신교회의 신학자들은 고민하지 않고 행위언약의 길로 들어섰다. 바빙크와 벌코프와 그들의 책으로 공부한 박형룡과 이후의 모든 신학자들이 행위언약의 길로 들어섰다. 웨신서의 모든 것이 다 좋으나 행위언약 부분은 분명히 그릇되었다.

행위언약에 의하면 아담은 하나님의 완전한 은혜와 사랑을 누리는 사람으로 창조되지 않았다. 자신이 노력하여 자기 존재의 완성을 이루어 영생을 가질 수 있는 하나님의 기회 안에서 창조되었을 뿐이다.

하나님의 자식도 아니고 하나님의 완전한 사랑과 생명을 받은 것도 아닌 상태에서 자기의 발전을 위한 하나님의 지도를 성실하게 따르지 못한 것이 아담의 원죄로 귀결된다. 그러면 성경의 핵심인 죄에 대한 개념이

와해되고, 또 그리스도의 구속 사역이 왜 필요한지 설명되지 않는다. 하나님이 자기 자식도 아닌 아담을 살리기 위해 왜 대신 죽으시는가?

행위언약에 의하면 아담이 예수 그리스도의 십자가의 공로를 덧입을지라도 영생을 얻지는 못한다. 단지 지옥에서 구출되어 다시 영생을 얻기 위한 투쟁을 시작해야 하는 위치에 설 뿐이다. 이런 신학을 가진 총신 신대원장 정승원 교수가 한 말을 보자.

"박형룡은 벌코프를 인용하면서 '최종으로 그리스도

가 만일 사람에게 부과된 형벌을 받으셨을 뿐이면 그의 사역의 열매를 나누어 가진 자들은 아담이 타락되기 전에 있던 바로 그곳에 남아 있게 되었을 것이다'라고 강조한다. 즉 아담의

타락을 치유한 수동적 순종만 있었다면 우리는 아담이 타락하기 전의 상태에 놓이게 되고 아담의 후손인 우리는 행위언약으로서의 율법과 모세 율법과 도덕적 율법을 모두 지켜야 할 의무가 여전히 남아 있게 된다는 말

이다" (정이철 2022e).[2]

고)박형룡 박사의 말을 빌어서 정승원 교수한 한 말은 만일 그리스도께서 능동적 순종의 의를 획득하여 전가하지 않으신다면, 아담은 예수 그리스도를 믿을지라도 영생을 얻지 못한다는 의미이다. 왜냐하면 영생을 주는 율법의 의가 아담에게 적용되지 않기 때문이다.

 개혁신학의 아버지로 여겨지는 바빙크(heman bvinck, 1854-1921)도 아담의 구원에 대해 아담이 완전한 순종의 공로를 만든 후에 하나님의 인정을 받아 하늘의 영생으로 들어갈 수 있었을 것이라고 말하였다.

"하나님은 타락 전에 맺어진 첫 번째 언약 안에서 인간에게 완전한 순종을 요구하셨고, 이 명령을 완전하게 성취한 후에 비로소 영생과 하늘의 구원을 주시리라 약속하셨습니다"(Bavinck 1901, 7).

---

2) 정승원 교수의 논문 발표를 보여주는 다음의 영상을 참고하라.
정승원. 2022. "박형룡 박사와 능동순종." 유투브 영상.
21:55. http://www.youtube.com/watch?v=EBdEqGiSSYE&t=11s

- 7장 -
칼빈을 우겨먹는 칼빈주의자들

- 7장 -

칼빈을 우겨먹는 칼빈주의자들

7. 칼빈을 우겨먹는 칼빈주의자들

사도 바울에 의해 세워진 갈라디아 교회에 나중에 어떤 일이 벌어졌는지 우리는 너무도 잘 안다. 사람이 보기에 그럴싸한 전통과 명성을 가진 예루살렘의 유명한 자들이 갈라디아에 찾아갔다. 그들은 그리스도의 구속 사역으로 인해 구원을 위한 율법준수의 의무는 사라졌을지라도 하나님 백성의 삶의 합당한 내용과 증거로서의 율법준수는 여전히 필요하다고 가르치는 자들이었다.

갈라디아 이단들의 신학은 훗날에 일어난 청교도 신학의 가르침과 동일하다. 청교도주의는 하나님께서 인간에게 자신의 구원을 위해 완전한 율법준수를 명하셨다고 한다. 그러나 인간이 하나님의 그 지도를 성실하게 따르지 않아 영생을 얻지 못했고, 또 하나님이 그것을 괘씸하게 여겨 영원히 저주하였다고 한다.

청교도 신학은 하나님께서 의의 규칙인 율법준수를 그리스도가 대신 수행하시어 우리의 영생의 자격을 확보하셨고, 또 십자가에 달려 죽으심으로 인간이 하나님의 지도를 성실하게 따르지 않았던 괘씸죄에 대한 형벌을 대신 받으셨다고 가르친다.

청교도 신학은 구원을 위한 율법준수는 그리스도가 대신 이행하셨으므로 이제 우리에게는 필요 없다고 한다. 그러나 구원받은 하나님 백성으로서 삶을 위한 율법준수 의무는 여전히 남았다고 한다. 청교도주의를 하나님의 말씀으로 믿고 따르면, 그리스도를 믿어 성령을 받은 후 다시 율법으로 돌아가 버리는 이단 스타일 신앙으로 빠지게 되는 것이다.

같은 일이 이미 사도 바울이 세운 갈라디아 교회에서 일어났다. 그리스도를 믿고 성령을 받은 바울의 자녀들이 예루살렘 학파의 가르침에 현혹되어 다시 율법으로 돌아가고 있었다. 그래서 바울은 그들에게 급히 이렇게 외쳤다.

"내가 너희에게서 다만 이것을 알려 하노니 너희가 성령을 받은 것이 율법의 행위로냐 혹은 듣고 믿음으로냐"(갈 3:2).

"너희에게 성령을 주시고 너희 가운데서 능력을 행하시는 이의 일이 율법의 행위에서냐 혹은 듣고 믿음에서냐"(갈 3:5).

7-1. 이상한 칼빈주의자들

비슷한 일이 16-17세기 유럽에서도 일어났다. 칼빈에 의해 완성된 종교개혁으로 인하여 많은 영혼들이 성경대로 오직 그리스도를 믿는 신앙으로 돌아왔다. 유럽의 많은 교회들이 믿음과 세례와 율법의 행함으로 하나님의 의롭다 하심을 얻는다는 거짓 교훈에서 벗어나 오직 그리스도를 믿는 교회로 회복되었다.

유럽에서 그런 일이 일어난 것은 전적으로 하나님의 은혜였고, 또 하나님의 은혜의 도구로 쓰임 받은 칼빈의 공로였다. 칼빈이 한 일은 하나님의 은혜에 붙들려서 이 전에 하나님이 사도 바울을 통해 교회에 주신 복음을 다시 회복시킨 것이다. 그런데 사도 바울이 세운 교회에 율법주의가 스며들어왔던 것처럼, 칼빈이 완성한 종교개혁 교회 속으로도 다시 율법주의가 숨어들어왔다.

갈라디아 교회를 망치는 이단들은 사도 바울의 신학과 권위를 정면으로 무시하고 대적했다. 사도 바울이 진짜 사도가 아니고 자칭 사도라고 했고, 바울이 전하는 복음은 정통 복음이 아니라 사이비 복음이라고 했다. 그러나 종교개혁 이후 칼빈에 의해 세워진 종교개혁 교회를 망치는 자들은 "내 사랑 칼빈! 내 기쁨 칼빈! 난 칼빈이 좋아 정말 좋아!"라고 노래하였다. 참 이상한 칼빈주의자들이 등장한 것이다.

7-1-1. 리차드 멀러 교수

칼빈이 세운 종교개혁 교회 속으로 다시 율법을 끌어들인 거짓 선생들은 종종 칼빈의 신학과 개혁신학의 관계를 노골적으로 부정한다. 미국 칼빈신학교의 교수로 오래 봉직하였고, 현재 합신, 고신, 총신에서 칼빈을 왜곡하는 칼빈주의 신학을 전파하는 여러 교수들에게 학위를 준 리차드 멀러는 다음과 같이 말했다.

"칼빈은 자신의 시대의 신앙고백적 개혁주의 전통의 유일한 표준이 아니다. 또한 칼빈은 그의 죽음 이후의 세대들 안에서 무엇이 개혁주의적인지를 가늠하는 잣

대로서 유일한 인물로 거론되어서도 안 된다"(멀러 2003, 32).

"칼빈 이후의 개혁주의 인물들을 '칼빈주의자'로 규정하는 것은 역사적 정확성이 떨어지는 주장이다. 또한 칼빈이 마치 정통주의 표준인 것처럼 간주하여 이후 세대 인물들을 칼빈과 대립되는 자들이 규정하는 것도 역시 무의미한 주장이다"(멀러 2003, 32).

그러나 칼빈의 신학적 권위를 부정하거나, 자신들이 주장하는 이상한 개혁신학을 위해 계속 칼빈을 축소할수록 자신들이 설 자리가 점점 없어진다는 사실을 그들은 누구보다 잘 안다. 왜냐하면 개혁신학은 곧 칼빈의 신학이기 때문이다. 칼빈을 깔보면서 개혁신학을 주장할 수 없다는 것은 은사주의자들, 교황주의자들, 알미니안주의자들, 심지어 불교인들에게도 상식이기 때문이다.

그래서 그들은 개혁신학이 오직 칼빈 한 사람의 사상을 따르는 것이 아니라고 도발하다가도 얼른 방향을 바꾸어 "칼빈도 나와 동일한 용어를 사용하지는 않았을지라도 나의 사상과 같은 생각을 이미 가지고 있었습니다!"혹은 "칼빈의 신학과 우리의 신학 사이에는 분명한 연속성이 있습니다!"라고 주장한다. 멀러도 그런 말을 자주 했다.

"칼빈과 이후의 개혁주의 신학자들 사이의 차이점은 미미하며, 개혁주의 사상에 대한 16세기와 17세기의 신학적 표현들 사이의 연속성은 더욱 뚜렷하다"(멀러 2003, 48).

"웨이어와 다른 학자들은 칼빈의 사상에서 행위언약 개념에 대한 일말의 암시도 발견할 수 없다고 했지만, 칼빈의 사상에는 비록 단순한 형태이만 행위언약 개념의 구체적인 암시가 발견된다"(멀러 2003, 434).

멀러 뿐 아니라 하나님의 이신칭의가 율법의 기능의 직접적인 도움을 받아서 이루어진다고 주장하는 모든 자칭 개혁신학자들은 하나같이 칼빈의 신학과 자기들의 신학이 같은 내용이라고 합창한다. 율법 기능의 직접적인 도움을 받아 하나님의 이신칭의가 이루어진다는 개신교 율법주의 신학의 대표적인 것은 다음의 세 가지이다:

1) 아담과 하나님 사이의 율법준수를 조건으로 설정

된 행위언약.

2) 율법을 먼저 전해야 죄인이 그리스도를 참되게 믿어 이신칭의에 이르게 된다는 회심준비론.

3) 그리스도가 율법을 대신 완전히 준수하신 공으로 의를 획득하여 전가하신다는 능동적 순종 교리.

이 세 가지 개신교 율법주의는 칼빈의 신학과 무관하고 또 상극이다. 그럼에도 칼빈주의 신학으로, 정통 개혁신학으로 위장하여 참된 개혁교회의 심장에 박힌 사탄의 빨대가 되어 왔다. 이 세 가지 거짓 칼빈주의 신학을 주장하는 학자들이 어떻게 칼빈을 왜곡하고 이용해왔는지 보자.

7-1-2. 합신 신학위원회

합신 동서울 노회에 속한 노승수 목사가 필자의 신학에 대한 조사 헌의를 제기하여 합신 총회가 구성한 합신 신학위원회는 다음과 같이 율법주의 행위언약 개념이 칼빈의 신학과 같은 내용이라고 했다.

"칼빈이 행위언약 사상을 부정하거나 그리스도의 능동적 순종에 의한 의는 수동적 순종만을 위한 준비일 뿐이라고 가르친다고 말할 수 있는 근거는 없습니다. 칼빈은 그리스도의 의의 전가에서 그리스도의 율법 순종의 의를 배제시키지 않았습니다"(합신위 2020).

7-1-3. 고신 교수회

고신 교수회는 칼빈에게서 능동적 순종이라는 용어는 나타나지 않으나 그 개념이 이미 나타났다고 했다.

"소제목: "칼빈에게서 찾아볼 수 없는 가르침이다."이와 같은 주장은 주로 칼빈의 기독교강요에만 의존하고 있다. 칼빈의 주장을 제대로 이해하기 위해서는 기독교강요뿐만 아니라 그가 남긴 엄청난 주석도 참고해야 한다. 그뿐 아니라 그의 설교문이나 신학논문도 살펴야 한다. 칼빈에게서 능동적/수동적 순종의 용어는 나타나지 않으나 그 개념은 나타난다"(고신교수회 2022).

7-1-4. 김재성 교수

김재성 교수는 다음과 같이 칼빈이 그리스도의 능동적 순종 교리의 내용을 이미 가지고 있었다고 했다.

"칼빈은 보다 정밀하게 풀이했다. 칭의란 '하나님께

서 은혜로 우리들을 의로운 사람이라고 받아주시는 것을 말한다. 칭의는 죄의 용서(remission of sins)와 그리스도의 의로움의 전가(imputation of Christ)로 구성되어 있다고 정리했다"(김재성 2021, 39).

7-1-5. 우병훈 교수

고신의 우병훈 교수도 다음과 같이 칼빈에게 능동적 순종 개념이 있었다고 했다.

"존 칼빈(John Calvin)은 롬 3:22에 대한 주석에서 율법을 온전히 순종하신 그리스도의 의가 우리에게 전가된다고 주장한다. 롬 3:31에 대한 주석에서도 역시 그리스도께서 율법을 온전히 지키신 의를 가진 분으로 묘사하며, 그러한 그리스도의 의가 우리에게 전가되어 칭의가 일어나며 성화가 이뤄진다고 설명한다. 칼빈은 〈기독교강요〉 2.12.3에서 롬 5:12~21을 염두에 두면서, 그리스도의 능동적 순종과 십자가에서 죽으심을 따로 강조하고 있다. 〈기독교강요〉 3.11.23에서 칼빈은 롬 5:19를 인용하여, 아담과 그리스도를 비교한다. 그러면서 그는 그리스도의 능동적 순종이 칭의에 필수적 요소임을 지적하고 있다. 이처럼 칼빈이 그리스도의 능동적 순종 교리를 분명히 말한 부분이 여러 군데가 있다"(우병훈 2021).

7-1-6. 신호섭 교수

신호섭 교수도 그리스도의 능동적 순종 교리의 내용이 이미 칼빈에게 있었다고 했다.

"우리는 칼빈의 신학에서 능동적 순종과 수동적 순종의 개념을 추적할 수 있으나, 다만 그리스도의 순종에 대한 칼빈의 견해가 그리스도의 삶과 죽음 전반에 걸친 철저한 능동적 순종을 매우 강조한다고 결론짓는 바이다"(신호섭 2016, 72).

7-1-7. 정성우 목사

회심준비론을 주장하는 정성우 목사(예수안에 하나교회)도 칼빈이 불신자에게 죄를 깨닫게 하는 만드는

율법의 기능을 활용하라 가르쳤다면서 다음과 같이 말했다.

"칼빈은 기독교강요 2권 7장 11절에서 '중생하지 못한 자들에게 일어나는' 율법의 기능에 대하여 설명한다. 기독교강요뿐만 아니라 칼빈의 로마서 7장 주석 또한 중생 전의 율법의 기능에 대해하여 설명하고 있다"(정성우 2021, 34).

7-1-8. 피터 릴백

(피터 릴백 교수(우)가 미국의 와싱톤중앙장로교회에서 설교하는 모습. 좌측은 통역하는 유응렬 목사)

미국 웨스트민스터 신학교의 학장이면 역사신학 교수 피터 릴백(Peter A. Lillback)도 칼빈에게 이미 행위언약 개념이 있었다고 주장한다.

"(칼빈에게) … 타락 전 언약은 틀림없이 존재한다. 이 언약이 율법에 대한 순종의 근거 위에 세워졌기 때문에 타락 전 언약을 행위언약으로 묘사하는 것은 확실한 것으로 보인다"(릴백 2001, 445).

7-1-9. 마이클 호튼

 웨스트민스터 신학교(CA)의 조직신학 교수 마이클 호튼(Michael S. Horton)도 칼빈과 이후 개신교 신학자들이 만든 율법주의 요소를 내포하는 신학들은 칼빈의 신학과 같은 내용의 신학이라고 다음과 같이 주장했다.

"칼빈과 칼빈 이후의 해석자들 사이의 상반되는 차이는 인정될 수 없다. 말하자면, 칼빈 사상은 칼빈의 신학적 계승자들에 의해 왜곡되었다기보다는 세련되어지고

발전되었다"(호튼 2006, 120).

이상으로 살펴본 것처럼, 개신교 속으로 들어온 율법
주의 신학을 지지하는 모든 학자들은 그것이 원래 칼빈
의 신학이거나, 칼빈으로부터 발전된 신학이라고 한다.

7-2. 사재(칼빈)에 대한 명예훼손

위 학자들의 칼빈에 대한 주장의 진위를 일일이 검증
하지 않는 이유는 그럴만한 가치가 없기 때문이다. 대
부분이 칼빈의 글의 문맥을 무시하고 단지 자신이 보고
싶은 일부 단어나 문구를 발췌하거나, 정확한 의미를
알 수 없는 내용을 자기에게 유리하게 해석하여 인용함
으로 칼빈을 왜곡하고 칼빈의 명예를 더럽히는 일들을
자행했기 때문이다.

7-2-1. 합신 신학위원회

합신 신학위원회의 보고서에 나오는 하나의 예로 살
펴보자. 다음의 기독교강요의 한 문장을 인용하면서,
불완전한 상태로 창조된 아담이 율법을 준수하는 노력
으로 자기 존재의 완성(영생)을 향하여 나아가도록 하

나님이 아담을 창조했다고 주장하였다.

"이러한(아담의 최초의) 순전한 상태에서 사람은 원하기만 하면 자유의지로서 영생에 도달할 수 있는 능력이 있었다"(칼빈 1559, 1.15.8).

위 한 문장만 보면 정말 그럴싸하다. 그러나 바로 그 다음 문장을 보면, 칼빈의 말을 심각하게 악용하고 왜곡했음을 알 수 있다.

"그러므로 아담은 자기가 원하기만 했더라면 넘어지지 않을 수도 있었는데, 그는 다만 자신의 의지로 타락했던 것이다. 그러나 그의 의지는 어느 쪽으로도 기울어질 수 있었으며 따라서 항구적인 인내성을 받지 못했던 까닭으로, 그는 아주 쉽게 타락하였던 것이다"(칼빈 1559, 1.15.8).

사실 칼빈은 아담의 타락이 그의 완전한 자유의지에 기초하여 이루어졌고 그래서 모든 책임은 아담에게 있다는 것을 설명한 것뿐인데, 합신의 교수들은 모호한 뜻이 내포된 한 문장을 발췌하여 자기들의 주장을 방어할 방패로 이용하였다. 학자로서의 갖추어야 할 능력과 정직성의 심각한 하자이다.

7-2-2. 신호섭 교수

신호섭 교수에게서 나타난 하나의 예를 보자. 신호섭 교수는 칼빈도 그리스도께서 율법을 지켜 얻으신 의를 우리에게 전가하신다는 개념을 가지고 있었다고 주장하기 위해 칼빈의 로마서 5:19절 주석을 인용했다.

"우리가 그리스도의 순종으로 말미암아 의롭게 된다고 말할 때, 우리는 이것을 통해 그리스도께서 하나님 아버지를 만족시키기 위하여 우리를 위한 한 의를 생산하셨다는 사실을 추론할 수 있다. 또한 우리는 이것으로부터 의가 그리스도 안에 본질로서 존재하는데 바로 이 그리스도의 본질로 속한 의가 우리에게로 전가된다는 사실을 추론할 수 있다"(신호섭 2016, 68).

그리스도께서 "우리를 위한 한 의를 생산하셨다"는 칼빈의 말은 마치 그리스도께서 모세의 율법을 지켜서 의를 얻으셨다는 것으로 보인다. 그러나 칼빈의 의중이 바로 그 다음에서 명확하게 드러난다. "의가 그리스도 안에 본질로서 존재하는데 바로 이 그리스도의 본질로 속한 의가 우리에게로 전가된다"라고 했다. 율법준수로 얻으신 의라면, 그것은 그리스도가 추가적으로 얻으신

의이지 그리스도의 본질에 속한 의가 아니다.

그리스도의 본질에 속한 의란 성육신의 신비 안에서 사람이 되신 그리스도 안에 있는 하나님의 의를 뜻한다. 복음 안에 하나님의 의가 나타나 모든 믿는 자들을 의롭게 하신다는 로마서 1:17, 3장 22절의 말씀과 같은 내용이다.

7-2-3. 고신 교수회

고신 교수회의 그리스도의 능동적 순종 교리를 옹호하는 보고서 속에도 칼빈을 왜곡하는 내용이 들어있다.

"(소제목: 칼빈에게서 찾아볼 수 없는 가르침이다.) 이와 같은 주장은 주로 칼빈의 기독교강요에만 의존하고 있다. 칼빈의 주장을 제대로 이해하기 위해서는 기독교 강요뿐만 아니라 그가 남긴 엄청난 주석도 참고해야 한다. 그뿐 아니라 그의 설교문이나 신학논문도 살펴야 한다. 칼빈에게서 능동적/수동적 순종의 용어는 나타나지 않으나 그 개념은 나타난다"(고신 교수회 2022).

칼빈의 신학을 대표하는 작품은 기독교강요이다. 칼

빈은 죽기 전에 대략 6회 정도 기독교강요를 수정 보완
하였다. 기독교강요에서 그리스도의 능동적 순종 교리
사상을 찾을 수 없으면, 칼빈에게 그 사상이 없는 것으
로 판정되어야 옳다. 왜냐하면 기독교강요 속에 그리스
도의 율법의 의 획득과 전가 개념은 나오지 않고 오히
려 그것을 반박하는 내용들이 많기 때문이다.

기독교강요 외에 칼빈의 다른 성경 주석이나 설교에
서는 능동적 순종 사상이 나온다는 고신 교수회의 주장은
결국 칼빈을 신뢰할 수 없는 인물로 더럽히는 것이다.
이런 식의 변명은 신학하는 학자들의 자질이 아니다.

그리고 칼빈의 성경 주석들 속에도 능동적 순종 교리
와 칼빈이 무관하다는 증거는 넘친다. 앞에서 신호섭
교수와 관련하여 살펴본 칼빈의 로마서 5:19절 주석도
그 증거이다. 그리스도가 율법을 지켜서 얻은 추가적인
의를 우리에게 전가하신 것이 아니라, 성육신하신 하나
님의 의, 처음부터 그리스도 안에 있는 본질적인 의를
우리에게 전가하셨다고 했다. 그보다 명확한 내용을 칼
빈의 어느 성경 주석이나 설교에서 찾을 수 있는가?

신호섭 교수가 인용한 칼빈의 고린도전서 1:30절 주

석의 내용도 확실한 증거이다.

"(칼빈의 고전 1:30절 주석): 바울은 그리스도께서 우리를 위한 한 의가 되셨다고 말한다. 이는 그리스도께서 의를 위하여 자신의 죽음과 순종을 우리에게 전가해 주심으로써 우리 죄를 속하셨기 때문에 그리스도의 이름으로 우리가 하나님께 용인되었음을 의미한다. 믿음의 의는 죄의 사면과 무조건적인 받아주심에 있으므로, 우리는 그리스도를 통하여 그 두 가지를 모두 받는다"(신호섭 2016, 70).

칼빈이 그리스도께서 자신의 죽음과 순종을 우리에게 전가해 주셨다고 하니, 마치 능동적 순종과 수동적 순종을 말하는 것 같다. 그러나 "믿음의 의는 죄의 사면과 무조건적인 받아주심에 있으므로"라고 한 말은 무슨 뜻인가? 죄 용서받은 자들을 성령 안에서 자기에게 연합되게 하심으로 그리스도 안의 하나님의 의가 우리에게 전가되어진다는 뜻이다.

율법의 의의 전가가 아니라 '그리스도 안의 하나님의 의의 전가'로 우리가 의롭다 하심을 얻는 것이다. 이것이 칼빈의 칭의 신학이다. 기독교강요에는 없으나 다른

저술에서 칼빈의 능동적 순종 개념이 나온다는 고신 교
수회의 주장은 무슨 근거에서 나왔는지 모르겠다.

7-3. 칼빈의 확실한 신학

행위언약, 능동적 순종, 회심준비론 등의 율법주의 신
학을 칼빈의 신학으로 주장할 수 없는 분명하고 확실한
증거들이 있다.

7-3-1. 생명나무 해석

이러한 신학을 즐거워하는 개신교 율법주의자들과 달
리 칼빈과 진정한 칼빈주의 개혁주의자들의 차이는 에
덴동산의 생명나무에 대한 해석에서 명확하게 나타난
다. 개신교 율법주의자들은 아담이 완전한 율법 순종에
성공하면, 하나님께서 그 공로에 근거하여 아담에게 생
명나무를 먹도록 허락하셨을 것이라고 해석한다.

"생명나무는 만약 아담이 순종한다면 그가 영원히 살
것이라고 아담에게 주시는 하나님의 표였으며 보증이
었다. 그러므로 하나님은 아담과 하와가 생명나무를 먹
고 영생하지 않도록 그것에 접근을 금하신다"(브라운&

킬 2012, 62).

"창세기 3장 22절(이 사람이 선악을 아는 일에 우리 중 하나 같이 되었으니 그가 그의 손을 들어 생명나무 열매도 따 먹고 영생할까 하노라")의 하나님의 진술에서 '~도(also)는 아담이 생명나무를 아직 따 먹지 않았다는 것을 가리킨다. 시험에 통과함으로써 행해진 의가 없이는 생명나무를 먹을 권리가 아담에게 없었으며, 그의 불순종으로 인해서 그는 생명나무를 먹을 수 있는 상급을 받을 자격을 잃었다. 이에 더하여, 생명나무의 상징적 가치는 아담이 그때 소유하고 있던 것보다 더 나은 생명을 가리킨다"(브라운&킬 2012, 71).

또한 개신교 율법주의자들은 아담이 율법을 완전하게 지키어 하나님의 허락을 받아 생명나무를 먹었다면 아담의 임시적인 육체의 몸이 천사의 몸처럼 변화되어 하늘의 영생으로 들어갔을 것이라고 해석한다. 페스코 교수의 말을 들어보자.

"만일 첫째 아담이 시원론적 시험에 성공했다면 아담은 의롭다 선언 받고, 영화롭게 되었을 것이다. 다시 말해, 아담은 여호와의 영적이고 영원한 안식의 쉼에 영구히, 흠 없이 들어갔을 것이다. ... 성령이 아담의 육적인 몸을 영적인 몸으로 변화시킬 것이라고 아담에게 약속하셨다. 하나님은 죄와 죽음이 들어오기 전에 아담에게 이 약속을 하셨다"(페스코 2016, 380).

그러나 칼빈은 생명나무가 아담이 하나님과 맺은 언약에 충실하면 이미 하나님이 그에게 주신 완전한 사랑과 은혜와 생명이 영원히 떠나지 않는다는 하나님의 언약을 확인하고 기념하는 것, 즉 지금의 구원 받은 성도들이 자기의 구원을 기념하고 확인하는 성례 역할을 했던 것이라고 해석한다.

"성례는 우리의 믿음을 더욱더 강화시키는 것이기 때문에, 주께서는 어떤 때에는 성례로 약속하신 일을 우리가 믿지 못하도록 하시기 위해서 성례 자체를 우리에게서 빼앗으신다. 아담에게서 영생의 은사를 빼앗고 주지 않으셨을 때에 주께서는 '그가 그 손을 들어 생명나무 실과도 따먹고 영생할까 하노라'고 하셨다(창 3:22). 이것은 무슨 뜻인가? 아담이 잃어버린 불멸성을 그 과실이 회복할 수 있었을까? 결코 그런 것이 아니다. 여호와의 이 말씀을 다른 말로 옮긴다면, '나의 약속의 상징에 집착해서 헛된 확신을 즐기지 못하도록 불멸에 대한 소망을 그에게 줄 수 있는 것을 그에게서 **빼앗으리라**'는 말이 될 것이다"(칼빈 1559, 4.14.12).

칼빈은 이미 아담이 영생 안에서 창조되었으므로 생명나무는 앞으로 영생을 얻기 위해 먹어야 할 것이 아니고, 아담이 하나님과의 언약에 충실하면 그의 영생이 흔들리지 않을 것임을 보증하는 하나님의 약속의 성례였다고 해석했다. 그리고 아담이 범죄하지 않았으면 하나님의 은혜 안에서 주어진 '불멸성'이 상실되지 않았을 것이라고 설명했다.

개신교 율법주의자들은 태초의 아담을 앞으로 자기의 노력으로 영생을 얻어야 할 사람으로 보았으나, 칼빈은 이미 영생과 하나님의 모든 은혜를 받은 백성으로 창조된 아담이 영원히 하나님을 섬기기로 언약했다고 본다. 이것은 엄청난 차이다.

칼빈에게 있어 아담의 원죄는 언약 파기, 즉 하나님에 대한 반역이다. 그러나 개신교 율법주의자들이 본 아담의 원죄는 자기 존재의 완성을 위해 성실히 하나님의 지도를 따르지 않은 것이다. 즉, 아담은 하나님이 주신

기회를 선용하여 스스로 영생을 얻고 하나님 지식의 자격
을 확보하라는 하나님의 호의에 부응하지 못한 것이다.

개신교 율법주의자들의 원죄 개념은 완전하지 못한
아담이 스스로 완전해지라는 하나님의 선의를 무시하
거나 적극적으로 활용하지 못한 것으로 정의된다. 그러
면 왜 하나님이 아담을 기어이 살려서 자기 백성으로
삼아야 하시는가? 하나님에게 태초의 아담은 대체 어떤
존재였는가? 이 중요한 것이 설명되지 않는다.

아담이 완전한 행위의 공덕에 근거하여 생명나무를
먹을 자격을 얻어서 먹고 영생에 이르는 것이 하나님의
창조 경륜이었는데, 그리 못하여 아담이 죽었다고 하
자. 그것이 창세기의 진실이라면, 아담을 살리기 위해
구세주는 어찌해야 하는가? 아담이 성공하지 못한 완전
한 행위 즉 율법준수의 공로가 필요하다. 그래서 그리
스도의 능동적 순종 교리가 나왔다. 이것이 성경과 일
치하는 흐름인가?

7-3-2. 그리스도의 자기 구원

개신교 율법주의자들은 그리스도께서 우리를 구원하

시기 위해 아담이 실패한 행위언약 속으로 들어가셨다고 한다. 아담이 지키지 못한 율법에 대한 완전한 순종의 공로를 세우기 위해 스스로 행위언약 속으로 들어가셨다는 것이다.

행위언약 속으로 들어가셨다는 것은 만일 행위언약을 완성하지 못한다면 그리스도 자신도 아담처럼 죽는다는 것이다. 그들은 그리스도께서 아담이 지키지 못한 모든 율법 조항들을 다 완전하게 실천하여 죽음당하지 않고 자기의 영생을 확보하셨다고 주장한다. 이 부분에 대해서는 하도 많이 비판을 받아 슬그머니 뒤로 감추고 있는 실정이다.

"첫째 칭의의 근거가 그리스도의 수동적 순종의 전가이며, 둘째 칭의의 근거가 그리스도의 능동적 순종의 전가입니다. 이것은 행위언약의 교리와 직접적으로 연관이 있습니다. 그리스도는 마지막 아담으로서 그리스도 자신 역시 구원되어야 하는 존재로서 그가 이루신 율법에 대한 온전한 순종, 곧 행위언약에 대한 성취인 것이죠"(노승수 2017).

"그리스도께서 만일 율법에 불순종하는 일을 행하신

다면 속죄를 위한 희생제물의 자격을 상실하게 될 것은 분명한 일이기 때문입니다. 만일 그러한 일이 있게 된 다면, 그리스도께서는 대리속죄를 위한 희생제물로서의 자격만이 아니라, 스스로를 위한 영생의 권리도 상실하게 되고 맙니다"(김병훈 2016).

"그리스도는 죄의 용서를 확보하기 위하여 전체 율법에 소극적(수동적)으로 순종하셨을 뿐만 아니라, 우리를 위해 영원한 생명을 얻으려고 전체 율법에 적극적(능동적)으로 순종하셨다"(신호섭 2016, 187).

이들이 그리스도께서 율법을 지키지 못하여 아담처럼 실제로 죽을 가능성이 있었다고 주장하는 것은 아니다. 단지 이론상으로 그러하다는 뜻이다. 그러나 그리스도에 대한 이와 같은 신성모독적인 사변이 등장하는 이유는 무엇일까? 아담의 타락과 그리스도의 구원에 대한 이해가 근본적으로 성경에서 벗어났기 때문이다.

칼빈은 빈말이라도 그리스도에 대해 그 어떤 궤변을 하지 않았고 언제나 성경적이었다.

"그리고 누군가 나를 반대하여 생명과 구원이 하나님

께로부터 그리스도께로 주입되었다고 말하는 사람이 있어서는 안 된다. 왜냐하면 우리는 그리스도를 구원받은 분이 아니라 바로 구원 자체라고 말하기 때문이다" (존 칼빈 1559, 1.13.11).

"롬바드(Lombard)와 스콜라학자들(the Schoolmen) 처럼 그리스도가 자신을 위해 어떤 공적을 쌓았다고 생각하는 것은 아무 무모하고 어리석은 일입니다 … 대체 유일하신 하나님의 아들에게 자신을 위해 자신을 위해 필요한 새로운 것을 얻기 위해 지상에 내려오셔야 할 이유가 무엇이란 말입니까?" (칼빈 1559, 2.17.6).

"한걸음 더 나가서, 하나님밖에 아무런 구원도 의도 생명도 없을진대, 분명히 모든 것을 자신 안에 내포하시는 그분이 하나님이심이 입증되는 것이다. 누구도 이것들을 하나님에게서 양도받았다고 주장해서는 안된다. 왜냐하면 그분이 구원의 은사를 받은 것이 아니라 그분 자신이 구원이라고 기록되기 때문이다. 유일한 한 분 하나님 외에는 선한 이가 아무도 없을진대, 어찌 인간이 선할 수 있겠는가?" (기독교강요, 1.13.13).

7-3-3. 율법과 무관한 칭의

개신교 율법주의자들의 핵심적인 문제는 하나님의 칭의가 율법과 직접 관련되어 있다는 주장이다. 단지 우리 각 사람이 율법을 지켜서 칭의를 얻는 것이 아니라 그리스도 한 분이 율법을 지켜서 우리를 칭의되게 하셨다고 한다.

그러나 칼빈은 하나님의 의롭다 하심이 오직 하나님이 믿게 하시는 은혜를 따라 그리스도를 믿음으로 이루어진다고 가르쳤다. 율법과 칭의는 서로 관련이 없고, 그리스도의 구속 사역을 믿어 죄 용서 받음으로 그리스도와 연합됨으로 의인으로 간주 된다고 가르쳤다.

"사도는 그리스도의 피로 얻는 구속을 '죄의 용서'라고 규정한다(골 1:14). 이 뜻을 바꿔 말한다면, '그 피가 우리를 위한 배상에 해당되기 때문에, 우리는 하나님 앞에서 의롭다 함을 받는다 또는 무죄 방면을 받는다'고 할 수 있다"(칼빈 1559, 2.17.5).

"믿음의 의는 하나님과의 화해이며, 이 화해는 곧 죄의 용서라고 정의한 말이 얼마나 옳은가를 이제 검토해야 하겠다"(칼빈 1559, 3.11.21).

"그러므로 하나님께서 우리의 죄를 우리에게 돌리지 않으심으로써 우리를 자신과 화목케 하신다는 말씀을 들을 때에, 우리는 하나님께서 어떻게 우리를 의롭다 하시는가를 더 의심하지 않아야 한다"(칼빈 1559, 3.11.22).

"바울은 죄의 용서와 의를 연결하여 둘이 똑같다는 것을 보여준다"(칼빈 1559, 3.11.22).

"주께서 받아들여 자신과 하나가 되게 하신 사람은 주께서 의롭다 하신다고 한다. 왜냐하면 주께서는 죄인을 의인으로 만드시지 않고는 자신의 은혜 가운데 받아들이거나 자신과 결합시키실 수 없기 때문이다. 우리는 이 일이 죄의 용서로써 이루어진다고 부언한다"(칼빈 1559, 3.11.21).

7-3-4. 구원(회심) 준비와 율법

율법을 먼저 선포하여 죄인들의 회심을 일으킨다는 회심준비론자들은 칼빈이 같은 용어를 사용하지 않았을지라도 구원을 위해 율법의 그 기능을 먼저 사용하는 것을 장려했다고 주장한다. 칼빈의 율법의 3 용도에 대한 가르침이 그 증거라고 한다. 그러나 칼빈이 말한 율법의 3 용도는 전부 이미 하나님 백성 된 사람들과 율법이 어떤 관련이 있는지에 대한 설명들이다.

"12. 믿는 자라 할지라도 율법이 필요하다(소제목). 셋째 용도는 가장 중요한 것이며, 율법의 본래의 목적에 더욱 가까운 것이다. 이 용도는 하나님의 영이 이미 그 영혼 속에 사시며 주관하시는 신자들 사이에서 발견된다. 그들의 마음속에는 하나님의 손가락으로 율법이 기록되고 새겨져 있지만 (렘 31:33; 히 10:16), 다시 말하면 그들은 하나님의 영의 감동과 격려로 하나님께 복종하겠다는 열심이 있지만, 역시 두 가지 방면에서 율법의 혜택을 입는다"(칼빈 1559, 2.7.12).

7-3-5. 하나의 언약

그리스도가 홀로 율법의 무거운 짐을 지게 만드는 개신교의 그리스도 중심의 율법주의(Christ-centerd legalrism)는 성경의 언약에 대해서도 심각한 오류를 범하였다. 하나님이 자기 백성을 가지기 위해 사람에게 베푸신 언약이 두 종류하고 한다.

하나는 처음의 사람 아담에게 주신 하나님의 언약이다. 하나님이 아담에게 율법준수의 행위를 조건으로 아담을 자기의 자식으로 삼고 그에게 하늘의 영생을 주기로 하신 행위언약(the covenant of works)이다. 행위언약은 아담이 자기의 구원을 위한 공로적 차원에서 율법에 대한 완전한 순종을 조건으로 하나님과 체결한 언약이므로 개신교 율법주의의 바탕이다.

행위언약 개념에 의하면, 하나님은 아담을 불완전하고 임시적인 존재로 창조하셨고, 아담에게 자기를 완성하여 완전한 하늘의 영생으로 도약할 수 있는 기회를 주셨다. 그리고 아담에게 그리할 수 있는 실질적인 능력도 주셨다.

그러나 아담은 하나님이 주신 기회를 선용함으로 완전한 순종으로 자기를 완성하여 하늘의 영생을 누리는 삶으로 도약하는데 실패하였다. 아담은 창조주이신 하나님의 권위와 질서를 존중하지 않았다. 또한 하나님의 지도를 가벼이 여기고 단 하나 금하신 선악과에 대해서도 전혀 자제하지 않았다. 이것이 그리스도 중심의 개신교 율법주의자들의 원죄 이해이다. 개신교의 그리스도 중심의 율법주의 신학자 김재성 교수의 말을 보자.

"예수 그리스도의 순종이 얼마나 위대한 희생이었던 가를 똑바로 이해하기 위해서는 먼저 아담의 불순종을 정확하게 파악해야 한다. ... 하나님께서는 아담에게 단 한 가지만을 요구하셨다. 그것은 순종이었다. 낙원에 있던 모든 것을 허용하시되, 아담에게 명료하게 기준을 제시하고, 단순한 순종을 요구했다: '그 동산 나무에서 나오는 모든 자유롭게 네가 먹을 수 있으나, 선과 악을 알게 하는 나무의 열매는 먹지 말라. 네가 거기서 나는 것을 먹는 날에는 반드시 죽으리라'(창세기 2:16,17). ... 그처럼 좋은 낙원에서 만물의 영장으로 살아가고 있던 아담에게 행동의 절제를 요구하신 것이다"(김재성 2021, 83).

개신교 율법주의자들은 이와 같이 아담의 원죄를 하나님이 주신 율법을 완전하게 준수함으로 자기 존재의 임시성에서 탈피하여 완전한 영생으로 도약하는데 필요한 자기 절제, 창조주이신 하나님의 권위에 대한 복종을 거부한 것으로 이해한다. 그렇다면 인간의 구원을 위해 하나님은 구세주에게 두 가지를 요구하셔야만 한다. 하나는 하나님의 뜻에 대한 완전한 복종과 자기 절제의 본을 보이는 것이다. 그리고 또 하나는 하나님의 지도를 잘 따르지 않았던 괘씸한 아담이 받아야 할 형벌을 대신 받는 것이다.

그리스도 중심의 개신교 율법주의는 하나님이 그리스도를 통해 그 두 가지를 해결하심으로 사람을 구원하는 새로운 언약 체결이 가능해졌다고 한다. 아담 대신 완전하게 하나님의 율법에 복종하심으로 의인의 자격을 얻으시고, 십자가에 달려 아담과 우리가 받아야 할 형벌을 대신 받으신 그리스도를 믿음으로 새로운 구원의 언약으로 들어간다고 한다.

그것이 바로 은혜언약(the covenant of grace)이다. 은혜언약은 우리는 구원에 대해 아무 자격이나 공로가 없으나 그리스도를 믿으면 의롭다 하시는 하나님이 은혜로 구원을 주신다는 사실을 공증하는 내용의 언약이다. 이들은 성경의 새 언약을 그렇게 해석한다.

"여호와의 말씀이니라 보라 날이 이르리니 내가 이스라엘 집과 유다 집에 새 언약을 맺으리라"(렘 31:31).

"저녁 먹은 후에 잔도 그와 같이 하여 이르시되 이 잔은 내 피로 세우는 새 언약이니 곧 너희를 위하여 붓는 것이라"(눅 22:20).

그러나 그리스도를 통해 하나님이 우리에게 주신 신약의 새 언약은 이전의 아담과 맺으신 언약과 전적으로 다른 언약이 아니다. 특히 하나는 인간의 율법준수를 조건으로 구원을 약속하는 언약이고 또 하나는 오직 믿음과 은혜로 이루어지는 전혀 다른 속성의 언약이라고 하는 것은 전혀 바르지 않다.

겉으로는 두 개의 언약이나 사실은 하나의 언약이라고 보는 것이 올바른 성경 이해이고 진정한 개혁신학이다. 처음 아담에게 주신 언약은 이미 아담에게 베푸신 모든 은혜와 영생을 계속 유지하자는 내용의 언약이었고, 두 번째 그리스도를 통해 주신 새 언약은 언약을 파기한 아담의 죗값을 그리스도께서 대신 갚으시고 자기의 피를 증거함이 파기된 이전 언약을 복구하는 언약이기 때문이다.

둘 다 오직 하나님의 은혜와 주권에 기초하여 사람을 복되게 하려는 목적으로 주어진 언약이라고 설명해야 마땅하다. 그래서 서철원 박사는 행위언약-은혜언약이라는 개념 자체를 버리고 하나의 언약임을 강조하는 차원에서 옛 언약-새 언약이라고 수정함이 마땅하다고 한다 (서철원 1996, 88).

칼빈에게 언약 신학에 대해 생각하고 제시한 적이 있었는지에 대한 의견이 분분하다. 본격적인 언약 신학 개진은 1602년에 사망한 퍼킨스에 의해 이루어졌다. 퍼킨스는 장로교회 설립을 목적으로 했던 청교도 개혁운동이 난관에 처하자 새로운 방향으로 개혁운동의 물꼬를 틀었다. 그것이 위해 퍼킨스가 동원한 신학적 모티프가 바로 언약 신학이었다.

그러나 1564년에 사망한 칼빈에게 언약 신학 개념이 전혀 없었던 것은 아니다. 칼빈에게도 하나님의 언약에 대한 이해와 연구가 없지는 않았으나, 단지 그 양과 정도가 후대의 사람들에 비해 빈약했던 것이다. 만일 칼빈이 언약에 대해 조금 더 고민하고 많은 분량의 글을 남겼다면, 아마 행위언약 사상이 등장하여 개혁교회 신학의 기둥이 되지는 못했을 것이다.

"창세 이후로 하나님이 택하사 자기 백성 중에 가입시키신 사람들은 모두 하나님과 언약을 맺게 되었으며,

그 언약을 맺게 한 율법과 교리는 현재 우리 사이에서 인정되는 것과 같은 것이었다는 사실을 분명히 알 수 있다"(칼빈 1559, 2.10.1).

이처럼 칼빈도 하나님과 사람의 언약에 대해 인식하고 있었다. 그는 성경의 언약들이 오직 하나님을 믿음으로 칭의를 얻는다는 종교개혁의 핵심 신학과 그 성격에 있어 다르지 않다고 보았다.

"모든 족장들과 맺어진 언약과 우리와의 언약은 그 실질과 실상이 매우 동일하기 때문에, 사실상 이 둘이 하나다. 다만 처리 방법이 다르다. … 그들을 주에게 묶어 놓은 언약은 그들 자신의 공로에 의해서가 아니라, 오직 그들을 부르신 하나님의 자비에 의해 유지되었다"(칼빈 1559, 2.10.2).

칼빈은 구약과 신약의 언약은 사실상 하나라고 보았다. 행위언약과 은혜언약으로 나누고, 하나는 인간의 행위의 공로에 의해 성립되고 또 하나는 하나님의 은혜에 의해 성립되는 별개의 두 언약이라고 보는 개신교 율법주의자들과 완전히 다르다. 칼빈은 신구약의 모든 언약들은 사람의 공로가 아니라 오직 하나님의 은혜와 주권에 기초하여 성립되는 언약이라고 보았다.

칼빈은 언약에 대해 자세하게 많은 말들을 하지 않았으나, 그가 성경의 언약들을 하나님께서 자기 백성을 가지시려는 목적하에 자기의 은혜와 주권으로 이루어 가는 하나의 언약으로 이해했던 것으로 볼 수 있다.

- 8장 -
전체 결론

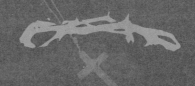

- 8장 -
전체 결론

8. 전체 결론

그리스도께서 모세의 율법 조항들을 전심으로 다 지켜서 율법이 주는 영생의 의(자격)를 얻으셨다는 이론은 기독교 신앙과 무관하다. 그리스도에게서 우리 믿는 자들에게 전가되는 의는 율법의 의가 아니고 거룩하신 하나님 자신의 의이다.

"복음에는 하나님의 의가 나타나서 믿음으로 믿음에 이르게 하나니 기록된 바 오직 의인은 믿음으로 말미암아 살리라 함과 같으니라"(롬 1:17).

"곧 예수 그리스도를 믿음으로 말미암아 모든 믿는 자에게 미치는 하나님의 의니 차별이 없느니라"(롬 3:22).

우리가 죄로 죽었을 때 우리를 다시 살려 자기 백성 삼으시고자 하나님 자신이 친히 우리의 의가 되어주시려고 작정하셨다. 그것이 거룩하신 하나님이 거룩한 사람이 되시어 우리에게 오신 성육신을 통해 이루어졌다. 거룩한 사람이 되신 하나님이 자기의 피로 우리의 죗값을 완전하게 갚으셨고, 거룩하신 자신을 우리에로 연합시키셨다.

성경은 하나님의 거룩하심이 성육신하신 그리스도를 통해 우리에게 의가 되었다고 다음과 같이 분명하게 가르친다.

"그가 자기 영혼의 수고한 것을 보고 만족히 여길 것이라 나의 의로운 종이 자기 지식으로 많은 사람을 의롭게 하며 또 그들의 죄악을 친히 담당하리라"(사 53:11).

"예수는 하나님으로부터 나와서 우리에게 지혜와 의로움과 거룩함과 구원함이 되셨으니"(고전 1:30).

거룩하신 하나님의 의가 우리의 의가 되었다고 가르치지 않고 성육신하신 하나님의 율법준수를 통해 율법의 의가 우리에게 전가되었다고 가르치는 신학은 적그리스도의 교리이다. 하나님의 성육신, 율법의 기능, 그리스도의 순종의 의미 등 기독교 신앙의 중요한 요소들과 전혀 맞지 않는다.

구약의 하나님은 이스라엘의 역사와 상황 속에서 말씀과 사역으로 구원의 원리를 계시하셨고 그것이 성경에 기록되었다. 구약의 구원 받은 성도들 가운데 자기의 구원을 위해 율법을 지키면서 의로워지는 연습을 하라고 요구받은 사람이 하나도 없다. 믿음의 조상 아브라함도 그냥 하나님을 믿음으로 의롭다 하심을 얻었다. 기생 라합도 하나님에 대해 들은 것을 믿음으로 의롭다 하심을 얻었고 그 믿음이 행위로 드러났다.

신약의 사도들도 율법 지키는 연습이 구원을 위해 필요하다고 가르치지 않았다. 율법 속에서 태어나고 자란 유대인들과 율법과 무관한 곳에서 태어나서 살아온 이방인들에게 오직 그리스도의 구속 사역을 전했다. 또 필요하면 율법을 하나님의 말씀으로 가르치면서 그리스도의 구속 사역의 타당성을 설명하였다.

그리스도께서 율법 조항들을 다 지켰다는 개념 자체가 바보스럽다. 성자 하나님께서 우리의 구원을 위한 대속 제물이 되시고자 사람이 되시었는데 율법이 지적하는 죄인의 속성으로 오시면, 즉 죄가 조금이라도 있어서 율법과 역행하는 성향을 가졌으면 그리스도는 우리의 죗값을 대신 갚으실 수 없었다.

바로 그런 상태에서 그리스도가 율법을 조금도 어기지 않으셨어야 율법을 준수하셨다고 할 수 있다. 그렇다면 그리스도께서도 죄를 가지고 오신 것이 된다. 참으로 신성모독적인 교리가 아닐 수 없다.

그리스도의 인격이 율법이 지적하는 죄들과 조금이라
도 연관되면 우리의 죄를 대속하는 제물이 될 수 없으
므로 무죄하고 완전히 의로우신 사람으로 오셨다. 그리
스도께서는 율법의 모든 정신과 요구가 다 이루어진 완
전한 사람으로 성육신하셨다.

이것이 그리스도의 율법준수이다. 율법이 다 이루어
진 거룩한 인격으로 오신 것이 그리스도의 율법준수로
설명되어야 한다. 율법이 다 이루어진 거룩한 사람으로
오셨으므로 자신의 거룩하신 속성대로 언제나 거룩하
게 사신 것이다.

그리스도께서는 마지막에 사람의 방식으로 율법을 완
전하게 지키셨다. 죄인은 하나님 앞에서 살지 못하고
반드시 죽어야 한다는 율법의 정당한 요구를 우리를 위
해 순수히 수용하셨다 (롬 6:23). 율법 앞에서 아무 흠
결이 없는 거룩하신 그리스도께서 율법의 요구에 미치
지 못하는 죄인들이 받아야 할 저주와 사망을 대신 받
으셨다. 이것은 그리스도께서 사람의 방식으로 율법을
지키심이다.

"그리스도께서 우리를 위하여 저주를 받은 바 되사 율법의 저주에서 우리를 속량하셨으니 기록된 바 나무에 달린 자마다 저주 아래에 있는 자라 하였음이라"(갈 3:13).

이제 그리스도께서 율법 조항들에 대한 완전한 순종으로 율법이 주는 의를 얻으셨고, 그것으로 우리를 의인으로 만들었다는 귀신의 교리를 버릴 때가 되었다. 그리스도께서 자기의 본래의 의를 우리에게 입혀 구원하셨고, 그리고 우리를 율법의 정신과 모든 요구를 이루어 드리는 거룩한 하나님 백성되게 만드는 방식에 대한 논쟁으로 방향을 전환하는 것이 바람직하다.

하나님은 죄인을 율법과 무관하게 구원하신 후 반드시 율법을 지키라고 엄히 요구하셨다. 은혜로 구원 받은 자들은 마땅히 하나님에게 합당한 거룩한 삶을 살아야 한다고 크게 강조하셨다. 이스라엘 백성들도 오직 은혜로 구원 얻은 후 시내산에서 율법을 지키겠다고 피로서 하나님께 언약하였다.

그러나 죄에 지배받은 인격의 본성으로 인해 온갖 죄악을 범하였고, 결국 하나님의 진노로 포악한 이방인의 나라에 복속되어 불행한 삶을 살게 되었다. 그럼에도 자기 백성을 가지기로 작정하신 하나님은 다시 그들을 회복하고 그들이 율법을 잘 지키는 백성으로 거듭나게 만드실 계획을 밝히셨다.

"내가 그들에게 한 마음을 주고 그 속에 새 영을 주며 그 몸에서 돌 같은 마음을 제거하고 살처럼 부드러운 마음을 주어 내 율례를 따르며 내 규례를 지켜 행하게 하리니 그들은 내 백성이 되고 나는 그들의 하나님이 되리라"(겔 11:19,20).

그리스도 자신이 율법준수가 되어주시고, 율법의 정신과 요구를 이루어 내는 능력이 되어주시는 것이다. 죄용서 받은 자들에게 성령을 자기의 이름으로 보내시는 신약의 성령세례이다.

성령이 우리 죄를 대신지고 죽으신 그리스도의 이름으로 오셨으니 죄에 지배되는 인격이 죄에서 해방되기를 시작한다. 그리고 그리스도의 거룩하심을 닮아가기 시작한다. 십자가에서 피 흘리고 죽으신 그리스도를 대신하는 성령의 역사로 거룩과 의의 열매를 맺기 시작하는 것이다.

"육신을 좇지 않고 그 영을 좇아 행하는 우리에게 율

법의 요구를 이루어지게 하려 하심이라"(롬 8:4).

"이는 그리스도 예수 안에 있는 생명의 성령의 법이 죄와 사망의 법에서 너를 해방하였음이라"(롬 8:2).

이것이 신약 성도의 율법준수이다. 성도는 그리스도를 대신하는 성령의 역사로 거룩을 향하여 나아간다. 신약의 성도는 그리스도의 이름으로 오신 성령에 지배됨으로 거룩해지기 시작한다. 성령이 율법의 정신을 구현하며 살도록 우리의 속 사람을 변화시키기 때문이다.

그리스도의 능동적 순종 교리에 대해 이상한 열정을 보이는 사람들이 율법이 요구하는 삶을 사는 것을 보지 못하였다. 이상하게 그들의 성품이 야비하고 간교하다는 사실을 더 자주 보았다. 가장 율법에 대해 많이 말하는 사람의 성품과 삶이 율법과는 오히려 거리가 멀다는 것을 여러 번 확인했다. 왜 그럴까? 율법 타령 좋아하는 그에게 성령의 지배하심이 없기 때문이다.

이제는 가치 없는 율법 타령 그만해야 한다. 지금 한국 교회는 율법이 요구하는 삶을 살게 만드는 성령에 지배되어 거룩한 삶으로 나아가는 원리에 대해 배우고 토론해야 할 때이다.

[참고문헌]

김병훈. 2016. "그리스도의 능동적 순종과 수동적 순종."
　　　　기독교개혁신보. 2016년 4월 22일.

김재성. 2021. 그리스도의 순종. 서울: 도서출판 언약.

고신교수회. 2022. "예수 그리스도의 능동적 순종에 대한 총회의
　　　　신학적 입장." 2022년 고신 총회에 제출된 보고서.
　　　　2022년 9월 20일.

라은성. 2018. 이것이 교회사다: 가공된 진리. 서울: PLT.

릴백 피터 A. 2001. 칼빈의 언약사상. 원종천 역, 서울: CLC.

멀러 리차드. 2003. 칼빈 이후 개혁신학. 한병수 역.
　　　　서울 부흥과개혁사.

브라운 마이클 & 킬 자크. 2012. 언약신학으로의 초대.
　　　　조호영 역. 서울: 부흥과개혁사.

정이철. 2019. "노승수 목사는 이단사상 지적받자 형사고소로
　　　　대응하였다." 바른믿음. 2019년 5월 22일.
http://www.good-faith.net/news/articleView.html?idxno=1538
　　　　2022a. "예장 합동 조엘 비키-에드워즈-정성우의 회심준비론
　　　　교류금지." 바른믿음. 2022년 9월 19일.
http://www.good-faith.net/news/articleView.html?idxno=2690
　　　　2022b. "예장 합동 능동순종 106회 결론 유지, 이승구-김재
　　　　성은 신학부에서 조사." 바른믿음. 2022년 9월 20일.
http://www.good-faith.net/news/articleView. html?idxno=2691
　　　　2022c. "고신 교수회가 개발한 독창적 이단 신학 2022 고신
　　　　총회는 수용할까?" 바른 믿음. 2022년 9월 23일.

2022d. "2022년 고신 총회와 고신 교수회의 이단사상."
유트브 영상, 32:16.
https://www.youtube.com/watch?v=W1ne82Y_5hA&t=1123s

2022e. "정승원 교수(총신 신대원장)의 박형룡의 능동순종에
대한 연구 발표,"바른믿음. 2011년 5월 21.

서철원. 1992. 복음과 율법의 관계. 서울: 도서출판 엠바오.

1996. 하나님의 구속경륜. 서울: 총신대학 출판부.

2005. 성령신학. 서울: 총신대학 출판부.

2018a. 신학서론. 서울: 쿰란출판사.

2018b. 하나님론. 서울: 쿰란출판사.

2018c. 구원론. 서울: 쿰란출판사.

2018d. 그리스도론. 서울: 쿰란출판사.

2018e. 인간론. 서울: 쿰란출판사.

2020. 갈라디아서. 서울: 쿰란출판사.

2021. "청교도 능동순종에 대한 합동 이대위 세미나 강연."
바른믿음. 2021년 2월 22일.

신호섭. 2016. 개혁주의 전가교리. 서울: 지평서원.

이승구. 2021. "예수님의 능동적 순종의 의."유투브 영상, 5:16.
https://www.youtube.com/watch?v=Bpotyf4ZsWA&t=51s

이정기 편집. 1979. 교리 전례 용어해설. 서울: 가톨릭 출판사.

이남규. 2021. "그리스도의 순종과 의의 전가: 전기 정통주의 견해."
안상혁, 이영래, 원태영 편집. 그리스도의 순종과 의의 전가.
제33회 정암신학강좌. 2021년 11월 16일.

우병훈. 2016. "스코틀랜드 최초의 언약신학자, 로버트 롤록의 생애와
신학,"칼빈 이후 영국의 개혁신학자들. 이신열 편집, 124.

부산: 고신대학교 출판부.

2021. "교회사 속에 나타난 능동적 순종 교리(1)." 기독신문.
2021년 3월 24일.

https://www.kidok.com/news/articleView.html?idxno=210447

원종천. 1998. 청교도 언약사상 : 개혁운동의 힘. 서울 : 대한기독교서회.

웨스트민스터 신앙고백(WCF). 김효성 역. 서울: 옛신앙

존 칼빈. 1559. 기독교강요. 김충호 역. 서울: 한국출판사.

1990a. 신약성경주해 7권: 로마서-빌립보서. 성서주석출판위
원회 역. 서울: 성서교재간행사.

1990b. 신약성경주해 8권: 고린도전서-갈라디아서. 성서주석
출판위원회 역. 서울: 성서교재간행사.

존 페스코. 2016. 삼위일체와 구속언약. 전광규 역, 서울:부흥과개혁사.

정승원. 2022. "박형룡 박사의 능동순종." 유투브 영상, 21:55.

https://www.youtube.com/watch?v=EBdEqGiSSYE&t=11s

정성우. 2021. 청교도 준비교리란 무엇인가. 서울: 마르투스 출판사.

호튼 마이클. 2006. 언약신학. 백금산 역, 서울: 부흥과개혁사.

합신 신학위원회(합신위). 2020. "바른 믿음과 정이철 목사가 부정하는
교리 판단의 건에 대한 신학연구위원회 보고서."

2020년 합신 총회 미승인 보고서. 2020년 6월 23일.

페스코 존. 2016. 삼위일체와 구속언약. 전광규 역, 서울: 부흥과개혁사.

프롱크 코르넬리스. 1999. 도르트신조 강해. 황준호 역.
서울: 그 책의 사람들.

Bavinck, Herman. 1901. The Sacrifice of Praise, edited by
Cameron Clausing and Gregory Parker Jr.
Peabody: Hendrickson Publishers.

Beeke, Joel R. & Mark Jones. 2012. A Puritan Theology:
        Doctrine for Life. Grand Rapids: Reformation
        Heritage Books.

Cunningham, William. 1979. The Reformers and the Theology
        of the Reformatiom. Carlisle: The Banner of Truth Trust.

De Campos, Heber C. 2009. "Johannes Piscator(1546–1625)
        and The Consequent Development of The Doctrine
        of The Imputation of Christ's Active Obedience".
        Ph. D diss., Calvin Theological Seminary.

Letham, Robert. 2009. The Westminster Assembly.
        New Jersey: P&R Publishing Company.

Perkins, William. 1626. The Works of William Perkins. 1 vol.
        London: John Legatt.

Smith, Kevin G. 2013. Integrated Theology: Discerning God's
        Will in Our World. Johannesburg: South African
        Theological Seminary Press.

Steinmetz, David C. 2001. Reformers in the Wings: From
        Geiler Von Kaysdersberg to Thodore Beza. Oxford:
        Oxford University Press.

Ursinus, Zacharias. 1563. Heidelberg Catechism.
        file:///C:/Users/canto/Downloads/Large_and_Small_
        Catechisms_of_Zacharias.pdf.

능동적 순종에 빠진 교회

초판 인쇄 ㅣ 2022년 10월 31일
초판 발행 ㅣ 2022년 10월 31일

지은이 ㅣ 정이철
펴낸이 ㅣ 정군효
펴낸곳 ㅣ 도서출판 다움
등록번호 ㅣ 제 385-22016-000020호
등록일자 ㅣ 2016. 5. 6.
주　소 ㅣ 서울시 강남구 언주로 608, 3층(논현동)
전　화 ㅣ 02-540-1691

정　가 ㅣ 13,000원
ISBN ㅣ 979-11-968192-2-4